coleção primeiros passos 51

Carlos A. C. Lemos

O QUE É PATRIMÔNIO HISTÓRICO

2ª edição, 2010 revisada e ampliada

São Paulo

editora brasiliense

Copyright © by Carlos A. C. Lemos
Nenhuma parte desta publicação pode ser gravada, armazenada em
sistemas eletrônicos, fotocopiada, reproduzida por meios
mecânicos ou outros quaisquer sem autorização prévia da editora.

2ª edição, 2010 revista e ampliada
2ª reimpressão, 2013

Diretora editorial: *Maria Teresa B. de Lima*
Editor: *Max Welcman*
Produção editorial/gráfica: *Adriana F. B. Zerbinati*

Dados Internacionais de Catalogação na Publicação(CIP)
(Câmara Brasileira do Livro, SP, Brasil)

Lemos, Carlos A. C.
   O que é patrimônio histórico / Carlos A. C. Lemos
-- São Paulo : Brasiliense, 2013. -- (Coleção Primeiros
Passos ; 51)

2ª reimpr. da 2ª ed. de 2010.
ISBN 978-85-11-00046-7

1. Patrimônio cultural - Proteção
2. Preservação histórica I. Título II. Série.

10-11052   CDD - 363.69

Índices para catálogo sistemático :
1. Patrimônio cultural: Memória e preservação   363.69

editora brasiliense ltda
Rua Antônio de Barros, 1839 – Tatuapé
Cep 03401-001 – São Paulo – SP
www.editorabrasiliense.com.br

SUMÁRIO

I - Patrimônio cultural 7
II - Dos artefatos 12
III - Por que preservar? 25
IV- O que preservar? 35
V- Como preservar ? 69
Indicações para leitura 121
Bibliografia 125
Sobre o autor 128

PATRIMÔNIO CULTURAL

Ultimamente, os jornais, as revistas e a própria televisão estão a dar ênfase a um assunto até há pouco sem interesse maior ao povo, que é esse tema ligado às construções antigas e seus pertences, representativos de gerações passadas e que, englobadamente, recebem o nome genérico de "Patrimônio Histórico", ao qual, às vezes, também é aposta a palavra "Artístico". Na verdade, essa expressão usual, que é inclusive usada na identificação da Secretaria do Patrimônio Histórico e Artístico Nacional, abrange somente um segmento de um acervo maior, que é o chamado Patrimônio Cultural de uma nação ou de um povo.

Este texto, além das definições básicas, vai tratar precisamente da preservação daquele Patrimônio arquitetônico dito histórico, mas não podemos deixar de tecer algumas considerações sobre todo o elenco de bens denominados "culturais" porque, como veremos, entre todos eles, quaisquer que sejam os atributos que se lhes der, existe forte travamento de relações estabelecidas.

Foi o nosso mestre ocasional Hugues de VarineBoham quem nos fez encarar a problemática do Patrimônio Cultural de modo bastante abrangente, graças às suas definições emanadas de observações oportuníssimas do homem de grande erudição aliada à necessária praticidade ao enfrentar os problemas de seu mister de assessor internacional da Unesco nos lugares mais diversificados, especialmente os do Terceiro Mundo.

Sugere o professor francês que o Patrimônio Cultural seja dividido em três grandes categorias de elementos. Primeiramente, arrola os elementos pertencentes à natureza, ao meio ambiente. São os recursos naturais, que tornam o sítio habitável. Nesta categoria estão, por exemplo, os rios, a água desses rios, os seus peixes, a carne desses peixes, as suas cachoeiras e corredeiras transformáveis em força motriz movendo rodas de moendas, acionando monjolos e fazendo girar incrivelmente rápidas as turbinas das usinas de eletricidade.

O meio ambiente fornece-nos as árvores, suas frutas e sua madeira para as construções, para os barcos, para as carroças e para os dormentes de estradas de ferro. Fornece-nos a terra que recebe úmida a semente do pão de cada dia e que, também, pode ser violentamente apiloada nos taipais mamelucos da arquitetura paulista. Dá-nos o ar frio das serras, da Serra de Paranapiacaba, que isolou os paulistas do resto do mundo, serra que condicionou toda uma sociedade voltada para o sertão, quando a língua virou dialeto e os usos e costumes quase que se vernaculizaram em novos feitos tão diferentes daqueles d'além mar.

O clima envolve e condiciona o comportamento das gentes. A paisagem orienta e está plena de símbolos, de marcos, de pontos de referência, de encruzilhadas, que dirigem o viajante que passeia pela natureza estando sempre em casa — o Piabiru, o caminho geral dos índios, era o corredor que serpenteava entre os acidentes do terreno respeitando-os, aproveitando-os e tirando vantagem de cada obstáculo.

O segundo grupo de elementos refere-se ao conhecimento, às técnicas, ao saber e ao saber fazer. São os elementos não tangíveis do Patrimônio Cultural. Compreende toda a capacidade de sobrevivência do homem no seu meio ambiente. Vai desde a perícia no rastejamento de uma caça esquiva na floresta escura até as mais altas elucubrações matemáticas apoiadas nos computadores de última geração, que dirigem no espaço cósmico as naves interplanetárias que estão a ampliar o espaço vital do homem.

Saber polir uma pedra para com ela cortar árvores de grande porte. Saber esculpir no tronco duro de piúva o parafuso da prensa de espremer o tipiti estufado de massa de mandioca ralada para o fabrico de farinha. Saber desenhar a épura da geometria requintada pela qual será cortada a pedra justa da igreja de todos. Saber construir, tecer o pano da coberta de cama, divertir-se com o jogo de cartas, rezar à Santa Bárbara em noite de temporal, curtir a pele de veado para fazer a alpercata e o gibão. Saber transformar o bago vermelho do café em pó solúvel na xícara de porcelana. Tudo isso, por exemplo, vem formar o grande grupo dos elementos do saber.

O terceiro grupo de elementos é o mais importante de todos porque reúne os chamados bens culturais que englobam toda sorte de coisas, objetos, artefatos e construções obtidas a partir do meio ambiente e do saber fazer. Aliás, a palavra artefato talvez devesse ser a única a ser empregada no caso, tanto designando um machado de pedra polida como um foguete interplanetário ou uma igreja ou a própria cidade em volta dessa igreja. Pelo visto, esse terceiro grupo de elementos é que nos interessa neste texto, devendo os dois outros grupos ser tratados em livros à parte, mais dedicados aos recursos da natureza, à ecologia, à história do conhecimento, aos relatos sobre as invenções, aos manuais de tecnologia etc.

II
DOS ARTEFATOS

Agora, por nossa conta, podemos fazer algumas divagações a respeito dessa classificação de VarineBoham e refletir sobre as categorias possíveis de artefatos e como eles mantêm sua utilidade ao longo do tempo, já que eles serão mesmo o motivo de nossa preocupação maior. Numa primeira reflexão, já podemos verificar que sempre devemos prestar atenção às relações necessárias que existem entre o meio ambiente, o saber e o artefato; entre o artefato e o homem; entre o homem e a natureza.

Assim, um objeto isolado de seu contexto deve ser entendido como um fragmento, ou um segmento, de uma ampla urdidura de dependências e entrelaçamentos de necessidades e interesses satisfeitos dentro das possibilidades locais da sociedade a que ele pertence ou pertenceu. Daí, a inoportunidade de algumas coleções ou museus ditos "pedagógicos", que, isolando objetos diversificados, nada elucidam e mais nos constrangem com sua inutilidade.

Daí, também, a oportunidade dos chamados ecomuseus[1] integrados dentro de sistemas regionais, cujos acervos permanecem em seus "habitats" naturais, procurando sempre manter inteligíveis as relações originais que os propiciaram. Podemos ver também que é incomensurável número total de bens que compõem o Patrimônio Cultural de um povo, de uma nação ou de um pequeno município, mas vale a pena a gente perder mais um pouco de tempo com esse assunto antes de tratarmos do Patrimônio oficial, isto é, aquele que legalmente reúne poucos e escolhidos bens eleitos como preserváveis à posteridade.

Podemos encarar os artefatos segundo a sua utilidade imediata ou segundo a sua durabilidade ou persistência. E já também podemos ver que existem artefatos que geram outros. É o caso das ferramentas e das máquinas que produzem outros artefatos. Os artefatos também têm

---

[1] Ecomuseu seria a reunião de elementos e de bens culturais inter-relacionados, dispostos de variadas maneiras em diversos lugares apropriados à visitação e dentro do próprio "habitat" de uma determinada sociedade de modo que se possa apreender todo o seu processo evolutivo cultural.

uma "vida útil" e o seu tempo de uso pode variar incrivelmente.

Uma comida elaborada na cozinha da gente é um artefato de consumo imediato, em cuja confecção participaram conhecimentos acumulados durante gerações e gerações, relativos ao uso dos ingredientes variados, de vasilhames apropriados, de equipamentos de preparação, de fogões e até ao modo de obtenção da energia térmica. Uma flecha perdida na tentativa de caçar uma arara em pleno voo também foi um artefato de uso restrito a uma só vez.

Artefatos outros, no entanto, têm vida demorada e uso prolongado, podendo até ter serventias diversificadas – ou melhor, ter trocados os seus fins utilitários originais. Um prato de comer feito no Oriente e trazido pela Companhia das Índias, um dia, saiu da mesa de nossos avós e foi parar na parede de um colecionador rico, transformando-se em obra de arte preservada. Um velho motor de carro já desaparecido pode estar hoje acionando um gerador de eletricidade de uma longínqua fazenda do sertão.

Existem também importantes e históricos exemplos de construções que tiveram seus usos originais substituídos, embora a função abrigo própria do espaço arquitetônico continuasse sendo exercida. Como exemplo,

O que é patrimônio histórico

podemos citar o caso das basílicas romanas, construções laicas, que tiveram suas dependências integralmente aproveitadas depois da liberação do cristianismo para abrigar as novas funções religiosas da igreja de São Pedro.

O programa e as sucessivas alterações nos usos e costumes também exigem modificações nos artefatos de uso prolongado, como nas casas de morada, por exemplo. É sumamente interessante acompanharmos as adaptações que ocorrem ao longo do tempo numa velha residência urbana qualquer.

Com o progresso e as novas facilidades, a sua "casinha" do quintal, que abrigava a latrina sobre a fossa negra, foi substituída pelo banheiro completo feito num puxado anexo à cozinha velha que, por sua vez, teve seu fogão a lenha substituído pelo aquecido a gás, e cada família sucessiva que nela habita vai deixando sua marca nos agenciamentos internos; mas chega um tempo em que a construção realmente não pode mais oferecer o conforto exigido pelas novas concepções de bem morar de uma determinada classe social e, então, vemos a construção perder sua compostura antiga, sendo fracionada em habitáculos multifamiliares; e de degradação em degradação chega ao seu dia de demolição para dar lugar a edifício concebido dentro das novas regras do conforto ambiental e dentro de outras condições financeiras.

Esse exemplo didático da grande residência burguesa transformada em cortiço nos leva comodamente a continuar usando as construções habitacionais como tema acerca dessa problemática das mutações ocorridas, em bens culturais à mercê de novas solicitações advindas de alterações nos costumes e, principalmente, de processos de aculturação.

Nas sociedades primitivas, ou isoladas em seu território confinado, as casas são iguais entre si, todas decorrentes de mesmos materiais de construção e mesma tecnologia, formando uma amostragem que chamamos de vernácula. Durante séculos esse quadro pode permanecer imutável até o momento de contatos com outras culturas e novas influências.

No nosso caso brasileiro, temos casos muito interessantes de apropriações e de empréstimos de soluções. As primeiras habitações feitas pelos portugueses, por exemplo, nas suas novas feitorias mostram que tiveram eles que recorrer à experiência indígena em suas construções. Vemos o sistema construtivo vernáculo do índio caracterizado pela estrutura autônoma de madeira determinando espaço abobadado de palha trançada ser usado para satisfazer programa de necessidades europeu cristão nada afeito à promiscuidade das famílias aborígines. Desse empréstimo de soluções técnicas e de materiais disponíveis vemos o surgimento de uma arquitetura sincrética até hoje representada pelos mucambos do nordeste.

Aos poucos, a arquitetura portuguesa foi se adaptando às condições locais e sabiamente foi determinando partidos compatíveis aos materiais disponíveis e, principalmente, ao clima tão diversificado em nosso país de grandeza continental. No campo da arquitetura foi se consolidando, então, uma série de exemplares já definidos como brasileiros, próprios da firmação cultural da colônia miscigenada e afastada onde o índio e o negro logo puderam deixar a sua marca no viver cotidiano. Não só a casa propriamente dita como todo seu equipamento mostram também as consequências da aculturação havida sob o sol dos trópicos.

Nada mais interessante que a análise das gravuras de Debret, por exemplo, representando interiores de casas cariocas. Dentre elas, todas documentos do maior interesse ao nosso assunto, destaca-se aquela denominada de "interior de casa pobre", onde podemos analisar, por meio de todo o equipamento ali desenhado, as superposições de funções da habitação. Ali vemos os instrumentos de trabalho de tecelagem rústica, a rede de dormir somente usada à noite e por isso suspensa por forquilhas altas, o pote de água, o fogão no chão, e uma grande série de detalhes construtivos que nos indicam o estreito inter-relacionamento entre os objetos, cada um no seu lugar certo e, também, entre os personagens e toda aquela parafernália de artefatos rústicos.

Somente assim equipada e vivida é que a casa tem personalidade ou autenticidade documental. Cada objeto dali retirado se esvazia de todo o seu significado básico advindo das relações que ali mantinha. É certo que esse cenário, para fins didáticos, pode ser recriado, como é normal em muitos museus do mundo. Mas nessas reconstituições, sempre se percebe uma artificialidade fria e estática onde está sempre ausente a marca inesperada da presença humana.

Esse exemplo que fala de interior de uma residência nos faz lembrar de que, na cidade de São Paulo, certa vez, tivemos a oportunidade raríssima de admirar uma rica moradia à rua Florêncio de Abreu ostentando todo o seu equipamento original intocado e todo relacionado entre si do modo mais espontâneo possível, porque autêntico e assim conservado graças a circunstâncias ligadas à sua última longeva proprietária cultuadora da memória de seu distante pai falecido no final do século passado.

Ali, na semiobscuridade dos cômodos silenciosos, estavam acumulados objetos preciosos de algumas gerações, todos cotidianamente usados e que se comportavam como se participassem de uma fatia do tempo passado, mostrando ali o licoreiro com a sua velha bebida intocada como a deixara o proprietário morto de repente; acolá o jornal da Primeira República; na parede, o telefone primitivo de manivela estática esperando pela mão trêmula que não mais se levanta; na cozinha o fogão frio com suas panelas vazias. Mas tudo isso com muito cheiro de São Paulo antigo porque vagarosamente organizado segundo as necessidades reais de uma família que ali morou e ali participou de um processo cultural, de uma vida política intensa própria daqueles tempos abolicionistas e pré-republicanos.

Ali na casa parada estava milagrosamente guardado um segmento de nosso Patrimônio Cultural ostentando os objetos típicos de uma família de classe média alta, mostrando os quadros preferidos pela burguesia do tempo, os móveis comprados para a inauguração do sobrado neoclássico e os outros herdados, as louças e porcelanas, o piano de cauda, as comendas na vitrine francesa, as cortinas de damasco, o soalho lavado, os tapetes persas, o pote de barro, o filtro dos Açores, as panelas de ferro fundido, os quartos das empregadas, sempre as mesmas mulheres numa mesma linhagem de ex-escravas. Tudo mantendo as relações originais.

Tudo isso foi disperso pela indiferença, incompreensão e displicência de todos os envolvidos direta ou indiretamente no inventário da última moradora. É que para quase todos não houve o mínimo interesse na conservação desses conjuntos originais que, de vez em quando, surgem à nossa frente, o que é compreensível porque ainda não é generalizada a preocupação com esse tema.

Vimos, isso sim, uma corrida aos objetos finos do velho sobrado e assistimos ao leilão final, que fragmentou o remanescente do acervo, quando ficou mais uma vez configurado o culto ao objeto isolado que é encarado ou como obra de arte autônoma e romanticamente evocativa ou como coisa curiosa ou valiosa devido ao material com que foi executada. Assim, assistimos à saída de um artefato de seu meio original para começar a participar de outro contexto com outras relações e quase sempre com outras funções.

No tempo da inauguração desse referido sobradão do último quartel do século XIX, todos os seus prédios vizinhos também eram igualmente equipados e todos entre si também mantinham um relacionamento espacial, além de se irmanarem na mesma linguagem neoclássica trazida pelos imigrantes convocados pelo dinheiro do café. O ecletismo estava naquela rua substituindo as velhas casas térreas de taipa do tempo da pobreza e por aí vemos que o artefato cidade também se renova sobre si mesmo. Ruas alargadas, quarteirões rasgados, vales ultrapassados por

O que é patrimônio histórico

viadutos. Casas demolidas e refeitas; seus móveis carunchados são substituídos, o resto do equipamento doméstico trocado por novidades importadas e a papelada da família é queimada. Sempre o horror ao papel velho. Papéis de todo tipo, cartas de amor, escrituras, contratos, papéis impressos, papéis selados com muitos selos pretendendo garantir exatidões para todo o sempre. Assim, o sistema articulado de bens culturais dentro da cidade é permanentemente alterado.

Com os tempos modernos, os objetos deixaram de ser feitos à mão. A indústria acelerou a sua produção vomitando-os em idênticas faturas. É a produção em série. É a multiplicação, e como as máquinas vão a todos os lugares, os variados Patrimônios Culturais de variados lugares vão tendendo a uma uniformização, a uma universalização. E os meios de comunicação informam tudo, tudo ensinam tudo exigem em condicionamentos mil. É o caminho da padronização.

Os artefatos ainda sugerem mais outras reflexões quanto à sua classificação. Muitos deles são partícipes de uma infinita série de bens repetidos à exaustão. Não, porém, repetidos graças às máquinas da indústria vigente, mas sucessivamente feitos e refeitos à mão em sociedades primitivas, e pobres, antigas ou contemporâneas. Pessoas há, também, que podem gerar outros tipos de objetos, não mais estereotipados pela linguagem vernácula, mas emanados de situações díspares, saídos de mãos criadoras que lhe dão uma excepcionalidade rara, criados por artistas invulgares ou produzidos para satisfazer funções pouco solicitadas. Podem ser os artefatos ricos de gente rica, da classe dominante, e, por isso, de pouco ou nula representatividade cultural.

Muitas vezes, alguns daqueles objetos triviais de todo dia se diferenciam de seus iguais devido ao fato de terem participado de eventos que se convencionou chamar de históricos. Passam a ter uma respeitabilidade que os demais não possuem. É a sacralização do objeto. É um reverenciamento baseado na credibilidade, porque quase sempre resultante de afirmações não acompanhadas de comprovação; e assim muitos visitantes de museus se embevecem, contemplando a caneta que serviu à assinatura de um ato público qualquer, a espada usada por um herói numa batalha qualquer, a primeira lâmpada incandescente empregada na inauguração do sistema de iluminação pública de uma cidade qualquer, a caneca humilde com a qual um santo padre diariamente tomava o seu desjejum, o sapato usado por um político importante ao ser assassinado, a pistola que matou esse político, o exemplar raro do jornal que deu em primeira mão essa notícia e assim por diante. Temos, infelizmente, muitos museus somente baseados nesse tipo de acervo, onde a crendice popular evidentemente pode ser explorada.

Pelo que já vimos até agora, o Patrimônio Cultural de uma sociedade ou de uma região ou de uma nação é bastante diversificado, sofrendo permanentemente alterações, e nunca houve ao longo de toda a história da humanidade critérios e interesses permanentes e abrangentes voltados à preservação de artefatos do povo, selecionados sob qualquer ótica que fosse. Cremos que sempre se colecionou coisas "importantes", como joias, dinheiro, objetos valiosos, obras de arte.

Existiram, como sabemos, os chamados "gabinetes de curiosidades", guardando as coisas mais disparatadas. Essa guarda de bens em geral nunca se ateve, porém, à preocupação de registrar estágios culturais já ultrapassados de toda uma comunidade. Em geral, guardaram-se os objetos e as construções ricas da classe poderosa. Guardaram-se os artefatos de exceção e perderam-se para todo o sempre os bens culturais usuais e corriqueiros do povo. Esses bens diferenciados preservados sempre podem levar a uma visão distorcida da memória coletiva, pois justamente por serem excepcionais não têm representatividade.

Somente agora, nos últimos dois séculos, é que a arqueologia se esforça por recolher, identificar e estudar os restos e vestígios de povos já desaparecidos para tentar conhecê-los melhor no seu cotidiano prosaico, para vislumbrar seu pensamento, suas crenças, seus tabus. Velhas ruínas e vestígios soterrados são exaustivamente analisados para que possamos compreender melhor a vida desses povos remotos. Enquanto isso, vamos aprendendo sobre o que guardar hoje para a boa salvaguarda de nossa memória futura.

Essa questão da memória social, tão dependente da preservação sistemática de segmentos do Patrimônio Cultural, tem sido tratada com seriedade somente agora nos tempos recentes, a partir dos primeiros movimentos europeus da segunda metade do século XIX. Antes, só manifestações isoladas de estudiosos e colecionadores que, aos poucos, foram envolvendo e interessando as comunidades e os seus próprios governos, levando-os a, oficialmente, promover a preservação dos chamados Patrimônios Históricos e Artísticos, assunto básico destas linhas.

Neste ponto, cremos devesse este livrinho de iniciação ater-se a três temas básicos: por que preservar, o que preservar e como preservar, levando-se em conta tão-somente o caso brasileiro, com suas peculiaridades, sem, contudo, descuidarmos das recomendações internacionais a que estamos sujeitos via acordos culturais regidos pela Unesco.

POR QUE PRESERVAR?

Essa pergunta está intimamente ligada a outras indagações relativas a quem se deve preservar e a que interesses devem se ater as intervenções preservadoras. Inclusive, devemos entender que o verbo preservar tem significado mais amplo do que parece à primeira vista, e é bom refletirmos sobre essa abrangência antes de entrarmos no assunto que verdadeiramente nos interessa.

Preservar, diz o mestre Aurélio, é livrar de algum mal, manter livre de corrupção, perigo ou dano, conservar, livrar, defender e resguardar. Todas essas providências, no nosso caso, estão, ou deveriam estar, incidindo sobre uma amostragem representativa da totalidade dos elementos que compõem o amplo Patrimônio Cultural; sobre todos, porque havendo tal entrelaçamento entre eles, como já vimos, se um deles não é guardado o conjunto se desarmoniza e se desequilibra, o que no fundo não é bem o que se queria, pois o escopo seria um fiel retrato de um estágio cultural.

Se devemos preservar as características de uma sociedade, teremos forçosamente que manter conservadas as suas condições mínimas de sobrevivência, todas elas implicitadas no meio ambiente e no seu saber. Acima, empregamos a expressão "devemos preservar" como sendo uma obrigação, o que é correto, já que a todos só pode interessar a ideia ligada à salvaguarda de nossa identidade cultural. Para tanto, viu-se a necessidade de uma amostragem de bens tangíveis e de um elenco de bens de natureza imaterial ligados ao conhecimento, que possam representar os variados estágios da evolução de nosso patrimônio cultural.

É fácil entender que de uma determinada condição ambiental, e não existem duas iguais no mundo, e de um determinado povo, seja misturado da maneira como for, como o nosso, só pode resultar *um* processo cultural cuja evolução sempre percorre diretrizes identificadas por uma linha mestra do saber predominante. Do saber as coisas, do saber fazer, do modo de pensar prevalente.

É a definição de uma nacionalidade, cuja memória está justamente alinhavada ao longo de sucessivas transformações e evoluções havidas lentamente através dos tempos, devido tanto ao progresso tecnológico e seus meios de comunicação como ao aprimoramento intelectual e, também, aos facilitados contatos entre povos diferentes, estando nessa miscigenação o centro maior de interesse da compreensão do que seja Patrimônio Cultural de uma nação de populações algo diferenciadas como ocorre no Brasil.

Vimos em nossa imensidão territorial a cultura dominante portuguesa definindo a nacionalidade e vimos, também aqui e ali, os demais condicionantes e determinantes ambientais interagindo enquanto ocorreram, ou ainda ocorrem, também diversificadamente ali e aqui, contatos com outros povos via migrações as mais variadas. Neste ponto, é bom não confundirmos sincretismos culturais definitivamente incorporados ao quadro social com simples empréstimos, às vezes temporários, de modismos alienígenas tão comuns hoje, via cinema e televisão. Nossa atenção tem de estar voltada somente às irreversíveis alterações psicossociais ou socioétnicas havidas nos variados segmentos do panorama cultural brasileiro ao longo de nossa história, provocadas por agentes de fora.

Desse modo, percebemos que necessariamente o termo preservar deve ser aplicado com toda a amplitude de seu significado. É dever de patriotismo preservar os recursos materiais e as condições ambientais em sua integridade, sendo exigidos métodos de intervenção capazes de respeitar o elenco de elementos componentes do Patrimônio Cultural. É dever, também, de patriotismo preservar o saber brasileiro fazendo com que os conhecimentos de fora o valorizem em vez de o anularem, o que está cada vez mais difícil nesta era das empresas multinacionais comandando nossa economia. É claro que não podemos enfrentar os cientistas internacionais que pesquisam para a indústria farmacêutica sem fronteiras, por exemplo, com os conhecimentos domésticos de nossas avós acerca da medicina caseira, com suas ervas e benzeduras.

Não podemos ignorar a indústria japonesa invadindo as cidades e os sertões. É que agora também temos os artefatos da humanidade, as aspirinas da saúde mundial. Temos a comunicação de massa querendo que todos pensem igualmente e comprem as mesmas coisas.

Um desatento olhar realmente nos faz cogitar duma tendência à uniformização do pensamento, numa despersonalização cultural dos povos. Cremos que tudo isso seja de todo impossível devido justamente às articulações entre os elementos do meio ambiente e do conhecimento que, de um modo ou outro, acabam interferindo no processo porque são irremovíveis em sua totalidade. Sempre haverá um pouco de Brasil em cada coisa, em cada artefato, em cada gesto. O rádio japonês sempre transmitirá sua musiquinha sertaneja. Sempre daremos um jeitinho nosso às coisas de fora.

Assim, será mais fácil a manutenção de nossa identidade cultural se soubermos controlar os processos de evolução que fatalmente se desenvolvem mercê de alterações inevitáveis no campo do saber, especialmente do saber fazer. Nesse controle está implícito o registro dos vários estágios por que passamos. Aqui, registrar é sinônimo de preservar, de guardar para amanhã informações ligadas a relações entre elementos culturais que não têm garantias de permanência.

Desse modo, preservar não é só guardar uma coisa, um objeto, uma construção, um miolo histórico de uma grande cidade velha. Preservar também é gravar depoimentos, sons, músicas populares e eruditas. Preservar é manter vivos, mesmo que alterados, usos e costumes populares. É fazer, também, levantamentos, levantamentos de qualquer natureza, de sítios variados, de cidades, de bairros, de quarteirões significativos dentro do contexto urbano. É fazer levantamentos de construções, especialmente aquelas sabidamente condenadas ao desaparecimento decorrente da especulação imobiliária.

Devemos, então, de qualquer maneira, garantir a compreensão de nossa memória social preservando o que for significativo dentro de nosso vasto repertório de elementos componentes do Patrimônio Cultural. Essa a justificativa do "por que preservar".

Mas a quem interessa essa preservação?, é a pergunta naturalmente formulada pelo leitor. Poucos, muito poucos, têm uma visão global do problema constituído pela defesa da memória e de seus bens representativos. A esses, naturalmente, aflige tanto o descaso impune que assiste à destruição desnecessária de elementos do Patrimônio. A essas raras pessoas juntam-se outros grupos divididos segundo interesses variados. Nossa sociedade compartimentada em classes já está a sugerir fragmentações do grande Patrimônio Cultural em vários "Patrimônios Setoriais". Cada classe social, cada grupo econômico, cada meio, cada preocupação está a selecionar elementos culturais de seu interesse para que sejam guardados como testemunhos de sua preocupação. Vejamos alguns exemplos.

Tudo indica, e os interesses econômicos estão confirmando, que hoje preserva-se em atendimento às exigências do turismo, a grande indústria moderna, que maneja quantias incríveis enquanto vai forjando nos sítios visitados imagens, às vezes ressuscitadas, definidoras de peculiaridades culturais regionais aptas a estar sempre despertando a curiosidade dos viajantes ávidos de novidades.

O turismo nasceu em volta de bens culturais paisagísticos e arquitetônicos preservados, e hoje, cada vez mais, vai exigindo a criação de mais cenários, de mais exotismos, provocando quadros artificiais, inclusive. Quadros inventados, ou recriados, que tentam matar dois coelhos com uma só cajadada: a administração local, com fins políticos, incrementa um nacionalismo cultural de conveniência enquanto agentes de viagens, o comércio local e a arrecadação de impostos passam a possuir justificativas de ricos faturamentos.

A classe dominante, quase sempre, tem seu prestígio herdado e, por isso, gosta de preservar e recuperar os testemunhos materiais de seus antepassados numa demonstração algo romântico ou saudosista, constituindo tudo isso manifestações de afirmação elitista. Vive-se do passado, das glórias dos outros tempos. A preservação de bens culturais para ela constitui a obrigação de manter viva a memória dos avós.

Os professores de engenharia, ou de arquitetura, por sua vez, podem preservar edifícios antigos com fins didáticos, dispondo, assim, de amplo mostruário de técnicas que irão elucidar, ao vivo, os alunos atentos à evolução da arte de construir.

Os artistas, os arquitetos e os espíritos sensíveis podem preservar obras artísticas em geral para o seu próprio deleite e prazer espiritual.

Os historiadores, os arqueólogos, os antropólogos, os músicos, os intelectuais variados, sempre procuram preservar, de um jeito ou de outro, bens culturais ligados ao seu campo de ação.

Os filatelistas preservam selos e toda a história da correspondência epistolar com seus envelopes e carimbos. Os numismatas, suas medalhas e moedas. Os antiquários, toda a sorte de equipamentos fora de uso, mesmo às custas de desvirtuamentos de usos ou funções e de sua remoção do sítio de origem. Aliás, sempre os objetos fora de uso despertam a curiosidade e sugerem que sejam guardados em coleções museológicas.

Para muita gente mesmo, artefatos ultrapassados, de qualquer natureza que sejam, é que verdadeiramente constituem o Patrimônio Histórico e Artístico, isto é, tudo aquilo que por não prestar mais pode ser guardado como testemunho. Os bens culturais em uso, aqueles do presente, não merecem nunca o olhar protetor.

Os ecólogos preservam, ou tentam preservar a dura penas, as relações que devem manter entre si os elementos dentro da natureza. Os naturalistas defendem, por exemplo, a fauna e aí está o Pantanal de Mato Grosso

O *que é patrimônio histórico*

desafiando a consciência de todos. Os botânicos, a flora fadada à extinção.

Pelo visto, são tantos os patrimônios quantas são as inúmeras compartimentações da sociedade e seus interesses.

É bom notar que nunca houve um movimento que conciliasse esses interesses visando à gestão de um único Patrimônio visto sob um enfoque global. De um modo geral, podemos dizer que foram os antiquários colecionadores, os gabinetes de curiosidades, os variados museus ditos históricos, etnográficos, de arqueologia e de antropologia, as galerias de arte, as pinacotecas, as gliptotecas, as hemerotecas, as coleções de história natural etc., que, ao longo do tempo, conservaram artefatos vários para os estudiosos de hoje.

Muitas construções importantes, pela sua história ou pela sua beleza, também foram respeitosamente conservadas, pelo respeito dos mandados e pela vaidade dos mandantes e mandatários. Por motivos econômicos, muitas cidades se estagnaram e, por isso, se conservaram à revelia dos que as abandonaram em busca de outros horizontes. Aliás, podemos dizer que Belo Horizonte foi a responsável pela conservação de Ouro Preto, que ficou hibernada até chegar o momento da sua declaração como "cidade monumento histórico".

Pelo visto, nenhum país pode se vangloriar de possuir preservado o seu integral Patrimônio Cultural, representado de modo condigno por acervos museológicos, arquivos, mostruários, construções e urbanizações partícipes de ecomuseus que realmente sejam representações corretas de todo o seu desenvolvimento cultural.

Os vários países, inicialmente os europeus, foram aos poucos se conscientizando da necessidade de guardar seus bens culturais tendo em vista as solicitações de variada natureza, e resta-nos ver, então, como foi respondida entre nós a segunda indagação atrás formulada.

O QUE PRESERVAR?

No Brasil, a preocupação preservadora por parte do governo é relativamente nova, embora possamos sempre lembrar o pioneirismo do Conde de Galveias, em meados do século XVIII, com sua manifestação que nos coloca à frente de muitos. De fato, aquele nobre português, em 5 de abril de 1742, escrevia ao governador de Pernambuco, Luís Pereira Freire de Andrade, uma carta lamentando demais o projeto que transformou o Palácio das Duas Torres, construído pelo Conde de Nassau, em quartel de tropas locais, pois, segundo ele, seria imprescindível a manutenção da integridade daquela obra holandesa, verdadeiro troféu de guerra a orgulhar o nosso povo, e com as adaptações previstas estaria arruinada "uma memória que mudamente estava recomendando à posteridade as ilustres e famosas ações que obraram os portugueses na restauração dessa Capitania"... Dizia, ainda, que aquelas obras holandesas "são livros que falam, sem que seja necessário lê-los".

Depois desse desabafo fidalgo, que não teve maiores consequências, vêm o silêncio total e até um beneplácito das autoridades brasileiras perante a lenta destruição de um patrimônio português sempre a lembrar, principalmente logo depois da Independência, o jugo por que passamos no período da dominação colonial. Sempre que alcançamos uma meta libertária, a primeira coisa que se fez foi destruir as provas da opressão banida. Vestígios holandeses varridos. Cartelas heráldicas, escudos e brasões arrancados violentamente dos pórticos nobres das construções espanholas pelos portugueses da Reconquista e pelos brasileiros depois de 1822. Papéis comprometedores queimados, como aqueles relativos à escravidão negra, por ordem do abolicionista Rui Barbosa, já depois do 13 de maio da Princesa Isabel.

Silêncio dos governos, inclusive no reinado de nossos imperadores. O segundo deles é claro que teve seus pendores intelectuais também voltados à guarda de obras de arte e também históricas, mas não passou de mero mecenas de

O que é patrimônio histórico

dois ou três museus. A República nova não alterou o quadro de abandono geral e a proteção de bens culturais arquitetônicos não passava pela cabeça de nenhum governante.

Somente um ou outro particular, algum colecionador ou intelectual afeito às coisas históricas é que se lembrava e solicitava fossem defendidos os nossos monumentos arquitetônicos — monumentos no sentido grandiloquente porque do patrimônio popular nunca ninguém se lembrou mesmo. Augusto de Lima, em Minas, foi um deles. Gustavo Barroso, outro, no Rio. Mas todos muito dogmáticos nos seus interesses preservadores, selecionando o que conservar por meio de óticas nascidas de juízos críticos muito personalistas. Tudo isso na década dos anos vinte, quando se popularizou o estilo neocolonial e chegamos a ver disparates como aquele de se reformar construções autenticamente coloniais visando dar-lhes a feição estilística em moda. Foi comum a "preservação" caracterizada pela transposição de elementos de composição arquitetônica de uma construção abandonada para outra nova.

O líder do movimento neocolonial no Rio de Janeiro, José Mariano Carneiro da Cunha Filho, por exemplo, compôs seu célebre Solar de Monjope, inclusive, com materiais aproveitados de construções autênticas. No final da década de 20, o deputado historiador e amante das artes Wanderley Pinho, autor de obras sobre usos e costumes do Império, fez projeto de lei relativo à proteção de nosso patrimônio cultural arrolando entre os bens preserváveis "as cimalhas, os forros, arquitraves, portas, janelas, colunas, azulejos, tetos, obras de marcenaria, pinturas murais, e quaisquer ornatos (arquitetônicos ou artísticos) que possam ser retirados de uma edificação para outra (...)", o que demonstra a frequência desse uso naquele tempo.

Esse projeto acima citado não foi o primeiro, pois anteriormente já o deputado Luiz Cedro, em 1923, apresentara um projeto de lei destinado a salvar nosso patrimônio sugerindo a criação de uma "Inspetoria dos Monumentos Históricos dos Estados Unidos do Brasil, para o fim de conservar os imóveis públicos ou particulares, que no ponto de vista da história ou da arte revistam um interesse nacional". E, em 1925, a pedido do governador mineiro Presidente Mello Vianna, o jurista Jair Lins também tratou de defender os bens representativos de nosso passado, mas apresentando um progresso na eleição dos bens a serem guardados pelo seu projeto de lei: "os móveis ou imóveis, por natureza ou destino, cuja conservação possa interessar à coletividade, devido a motivo de ordem histórica ou artística, serão catalogados, total ou parcialmente, na forma desta lei e, sobre eles, a União ou os estados passarão a ter direito de preferência". Pela primeira vez alguém menciona

O que é patrimônio histórico

"móveis", isto é, objetos, dentre os bens a serem conservados. Wanderley Pinho também fala deles, onde inclui até "livros raros ou antigos, os incunábulos, códices e manuscritos de valor lítero-histórico ou artístico".

Somente em 1936 é que realmente ganhamos um projeto digno de elogios, de autoria do escritor paulista Mário de Andrade, homem cuja inteligência fora do normal o levou a especulações de toda ordem, cuja sensibilidade o levou à produção literária de alto nível. Nesta hora, quem fala de Mário não pode deixar de mencionar Paulo Duarte, o seu amigo fraternal de todos os momentos, mesmo quando ausente no exílio, mas presente nas cartas frequentes.

O projeto de Mário de Andrade tornou-se lei somente em novembro de 1937 e desse ano é a memorável campanha de Paulo Duarte pelas páginas do jornal *O Estado de S. Paulo*, denominada "Contra o Vandalismo e o Extermínio", quando aquele jornalista trouxe a público o estado lastimável e criminoso em que jazia o pouco que sobrou de nosso Patrimônio Cultural Arquitetônico.

No seu texto, definia Mário de Andrade: "Entende-se por Patrimônio Artístico Nacional todas as obras de arte pura ou de arte aplicada, popular ou erudita, nacional ou estrangeira, pertencentes ao poderes públicos, e a organismos sociais e a particulares nacionais, a particulares estrangeiros, residentes no Brasil".

Note-se que, na verdade, Mário já naquela época estava tentando resguardar a totalidade dos bens culturais de nosso Patrimônio Cultural, chamando-os simplesmente de "obras de arte" pura ou aplicada, popular ou erudita, nacional ou estrangeira. A palavra "arte", no caso, teria um significado bastante amplo, assumindo aqui e ali, ao longo do texto, conotações diversificadas; às vezes está ela designando a obra de interesse eminentemente estético, mas em grande parte do tempo está ligada ao artesanato. Ele explica "arte é uma palavra geral, que neste seu sentido geral significa a habilidade com que o engenho humano se utiliza da ciência, das coisas e dos fatos".

No seu projeto, Mário de Andrade agrupava as obras de arte em oito categorias:

1. Arte arqueológica;
2. Arte ameríndia;
3. Arte popular;
4. Arte histórica;
5. Arte erudita nacional;
6. Arte erudita estrangeira;
7. Artes aplicadas nacionais;
8. Artes aplicadas estrangeiras.

Dentre essas várias categorias, ele incluía, então, todo o nosso vasto elenco patrimonial. Dentre as obras de arte arqueológicas e ameríndias englobava toda sorte de objetos,

O que é patrimônio histórico

como fetiches, instrumentos de caça, de pesca, de agricultura, objetos de uso doméstico, veículos, indumentária, jazidas funerárias, sambaquis, inscrições rupestres e, inclusive, elementos das paisagens, do meio ambiente. Nisso tudo, é claro, também estavam incluídos os vocabulários, os cantos, as lendas, as magias, a medicina e a culinária dos índios etc.

Na arte popular, entre variados tipos de artefatos do povo, inclui a arquitetura, falando de múltiplas construções, como capelinhas de beira de estrada, de agrupamentos de mocambos do Nordeste. Continua tratando do folclore em geral e de tudo que interesse principalmente à etnografia.

No agrupamento da arte histórica arrola com bastante lucidez a variedade disponível de bens culturais, "que de alguma forma refletem, contam, comemoram o Brasil e a sua evolução nacional". Cita, inicialmente, "certas obras de arte arquitetônica, escultórica, pictórica que, sob o ponto de vista de arte pura não são dignas de admiração, não orgulham a um país nem celebrizam o autor delas". Mas, ou porque fossem criadas para um determinado fim que se tornou histórico — o forte de Obidos, o dos Reis Magos —, ou porque se passaram nelas fatos significativos de nossa história — a Ilha Fiscal, o Palácio dos Governadores em Ouro Preto —, ou ainda porque viveram nelas figuras ilustres da nacionalidade — a casa de Tiradentes em São João del Rei, a casa de Rui Barbosa —, devem ser conservadas tais como estão, ou recompostas na sua imagem "histórica". Cita então ruínas, igrejas, fortes, solares etc., afirmando, ainda, deverem ser conservados exemplares típicos representativos das diversas escolas e estilos arquitetônicos que se refletiram no Brasil.

Além das construções ditas históricas, detém-se, também, nos artefatos, na iconografia, tanto a nacional como a estrangeira alusiva a fatos brasileiros, como gravuras, mapas, porcelanas, livros, impressos etc., "referentes à entidade nacional em qualquer dos seus aspectos, história, política, costumes, Brasil, natureza etc.".

Dentre, as obras de arte erudita nacional ou estrangeira incluía o autor "todas e quaisquer manifestações de arte", de artistas nacionais ou estrangeiros, num amplo leque de abrangência.

Nas artes aplicadas nacionais e estrangeiras estariam classificadas todas as manifestações ligadas ao mobiliário, à talha, tapeçaria, joalheria, decorações murais etc.

Esse ligeiro apanhado do projeto de Mário de Andrade vem nos mostrar, antes de tudo, a clarividência daquele intelectual arrolando bens culturais dentro de uma sistemática somente hoje em nossos dias divulgada pelas entidades e recomendações internacionais, que tratam modernamente do assunto.

Mário incluía tudo, queria "catalogar" todas as manifestações culturais do homem brasileiro, não só seus artefatos, mas também registrar a sua música, seus usos, costumes, assim como o seu "saber", o seu "saber fazer". Chega a imaginar, inclusive, museus para isso também, que tratassem, por exemplo, do café, onde documentalmente estivessem mostrados "a replanta nova, a planta em flor, a planta em grão, a apanha da fruta; a lavagem e secagem, os aparelhos de beneficiamento, desmontados com explicação de todas as suas partes e funcionamento; o saco, as diversas qualidades de café beneficiado, os processos especiais de exportação, de torrefação e de manufatura mecânica (com máquinas igualmente desmontadas e explicadas) da bebida e enfim a xícara de café. Grandes álbuns fotográficos com fazendas, cafezais, terreiros, colônias, os portos cafeeiros; gráficos estatísticos, desenhos comparativos, geográficos etc. Tudo o que a gente criou sobre café, de científico, de técnico, de industrial, reunido numa só sala. E o mesmo sobre algodão, açúcar, laranja, extração do ouro, do ferro, da carnaúba, da borracha; o boi e suas indústrias, a lã, o avião, a locomotiva, a imprensa etc."

Para aquela época e principalmente à vista dos planos antecedentes, o projeto de Mário de Andrade foi realmente inovador e tudo indica que tenha assustado as autoridades que o encomendaram, pois ainda não havia uma estrutura administrativa nem verbas para uma empreitada preservadora daquela abrangência.

Por uma lei de janeiro de 1937 que reorganizou o Ministério da Educação, então chefiado por Gustavo Capanema, foi criado o "Serviço do Patrimônio Histórico e Artístico Nacional" dando a perceber que o texto do escritor paulista não fora, já de início, seguido como deveria, porque no próprio nome da entidade destinada à defesa do "patrimônio" se distinguiam bens "artísticos" dos "históricos" e só.

No fim daquele ano, depois do golpe político de Getúlio Vargas, veio o Decreto-lei nº. 25, de 30 de novembro, que organizou então o primitivo SPHAN, no qual se define oficialmente o Patrimônio Histórico e Artístico Nacional como sendo "o conjunto dos bens móveis e imóveis existentes no país e cuja conservação seja de interesse público, quer por sua vinculação a fatos memoráveis da história do Brasil, quer por seu excepcional valor arqueológico ou etnográfico, bibliográfico ou artístico".

A simples comparação dessa definição com a original de Mário de Andrade mostra-nos a atuação precavida e política de Gustavo Capanema e de Rodrigo de Mello Franco de Andrade, o seu assessor, que, a partir dessa

O que é patrimônio histórico 45

data, até morrer, se dedicou de corpo e alma à defesa de nossos bens culturais, sempre lutando com toda sorte de empecilhos, principalmente aqueles financeiros.

O recém-instituído SPHAN não poderia mesmo abrir imenso campo de obrigações preservadoras, sendo oportuna uma restrição ligada ao "interesse público" nas suas atribuições funcionais, principalmente à vista das graves implicações jurídicas que fatalmente surgiriam no tocante ao direito de propriedade relativo a bens móveis que, com certeza, iriam sobrepujar sobremaneira em quantidade os bens imóveis. Não só problemas jurídicos mas também de fiscalização, de conservação, de guarda, de documentação, de classificação, que hoje ainda não sabemos como resolver com correção administrativa e êxito garantido. É bom lembrar que um parágrafo do artigo 19, o da definição acima transcrita, incluía também na lista dos bens preserváveis os "monumentos naturais" e os "sítios e paisagens que importe conservar e proteger pela feição notável com que tenham sido dotados pela natureza ou agenciados pela indústria humana".

Enquanto Mário de Andrade arrolava na sua definição "todas as obras de arte", a lei promulgada prudentemente apelava a um restritivo "interesse público" sem, contudo, defini-lo em sua extensão. É verdade que, em ambos os textos, um bem cultural, na prática, só estaria incluído no Patrimônio depois de inscrito no respectivo livro de tombo, mas o espírito da "abertura" do projeto paulista certamente iria exigir do serviço responsável pela preservação um fôlego não compatível com as possibilidades práticas.

A moderação foi a nota marcante do órgão dirigido por Rodrigo de Mello Franco, e com isso, ao longo do tempo, toda aquela múltipla gama de enfoques do projeto de Mário de Andrade foi sendo esquecida, de modo especial as manifestações populares — não só a arquitetura, mas também os elementos relativos aos usos, costumes, ao "saber fazer", cujos artefatos móveis aos poucos foram se perdendo, ao lado da música, dos cantos, das representações e das histórias do povo pertencentes à era anterior ao rádio e à televisão, principalmente.

Mário, no seu projeto, não falou explicitamente em cidades como bens culturais em sua integridade, mas não se esqueceu dos problemas de urbanização. Quando se refere a paisagens, fala dos "lugares agenciados de forma definitiva pela indústria popular, como vilejos lacustres vivos da Amazônia, tal morro do Rio de Janeiro[2] tal agrupamento de mocambos no Recife" etc. Esse desejo do escritor paulista constou na lei federal de modo muito

---

[2] Morro do Rio de Janeiro, "agenciado de forma definitiva", só pode ser morro urbanizado e talvez Mário estivesse se referindo a favelas.

O *que é patrimônio histórico*

vago, quando se empregou parte de sua expressão no fim daquele já referido parágrafo do artigo 1º (...) "agenciados pela indústria humana". Quem não leu o projeto é quase certo que não vai atinar com a primeira intenção, aquela de preservar, também, aglomerados urbanizados, isto é, cidades.

Só recentemente, em meados da década de 1970, é que esse assunto ligado à preservação de bens culturais vistos em conjunto dentro de centros urbanos tem sido discutido entre nós, trazendo consigo a expressão "Patrimônio Ambiental Urbano", cujo significado nem sempre é bem compreendido. Realmente, como veremos, esse palpitante assunto encerra questões nada fáceis de ser contornadas, se é que há um jeito de satisfazer a todos os interesses envolvidos.

A primeira cidade a ser preservada no Brasil foi Ouro Preto, mediante um decreto de 1933 do então Governo Provisório federal, que assim veio atender a uma série de solicitações partidas principalmente de intelectuais mineiros. Augusto de Lima Júnior foi um deles, a cujos esforços, por volta de 1928, somaram-se os trabalhos de Gustavo Barroso, a quem o presidente do estado Antônio Carlos encarregou de proceder a obras de conservação em alguns monumentos daquela cidade.

Ouro Preto, é interessante a gente perceber isto, não foi tombada verdadeiramente como uma cidade possuidora de características especiais no campo do urbanismo, decorrentes da conurbação de arraiais de garimpeiros. Ouro Preto foi preservada porque se desejou proteger seus monumentos maiores, cada um visto de per si, e o ato legal visou à proteção de um "pacote" de construções, cujas áreas envoltórias acabaram abrangendo a cidade toda.

Naquele decreto não se cogitou do fenômeno urbanização em si mesmo, como uma manifestação cultural de preciso interesse social, fato evidentemente não analisado na justificativa que lembrava ter sido a antiga Vila Rica, apenas, "teatro de acontecimentos de alto relevo histórico na formação de nossa nacionalidade", além de possuidora de verdadeiras "obras d'arte" arquitetônicas.

Agora, moderna mente, a visão protetora de conjuntos de bens culturais urbanos tem uma abrangência maior, procurando, antes de tudo, interpretações de caráter social por meio de todas as indagações possíveis atinentes à antropologia cultural, à história, à política, à economia, à geomorfologia', à arquitetura etc. A cidade tem que ser encarada como um artefato, como um bem cultural qualquer de um povo. Mas um artefato que pulsa, que vive, que permanentemente se transforma, se autodevora e expande em novos tecidos recriados para atender a outras demandas sucessivas de programas em permanente renovação.

O que é patrimônio histórico 49

O núcleo urbano é um bem cultural composto de mil e um artefatos relacionados entre si, que vão desde aqueles de uso individual, passando por outros de utilidade familiar, a começar pelas moradias, até aos demais de interesse coletivo. Assim, vemos que um conglomerado urbano se resume num local onde se desenrolam concomitantemente infinitas atividades exercidas por meio de infinitos artefatos dispostos no espaço segundo suas funções ou atribuições, e interessam à compreensão do que seja "Patrimônio Ambiental Urbano" somente os bens ou as coisas, móveis ou imóveis, que caracterizam ou permitam o bom desempenho do gregarismo ali existente.

Pelo visto, o enfoque preservador de uma cidade não pode deter-se num artefato urbano isolado. Há de se perceber fundamentalmente as relações, algumas até necessárias, mantidas entre os bens culturais. Mormente as relações espaciais.

Um aglomerado urbano de pescadores do litoral paulista, por exemplo, quando se instala nas encostas do vale de um ribeirão, em cuja foz se pode ter bom atracadouro de seus barcos, tem suas construções dispostas em função das curvas de nível, onde, organicamente, vão se adaptando às asperezas do perfil topográfico. Ali os caminhos são tão-somente para pedestres subindo e descendo ladeiras íngremes, que se desviam aqui e ali de grandes pedras e que ali e acolá se transformam em escadas para melhor vencer os desníveis. A pedestrianização é a nota básica. O respeito aos acidentes topográficos, outra ocorrência caracterizadora.

As construções sempre pequenas vão subindo o morro respeitando os rochedos e as grandes árvores de sombra acolhedora. Lá de cima, as mulheres e as crianças enxergam o mar alto e ficam sabendo quando os homens estão voltando de seu trabalho, e assistem à passagem dos indiferentes transatlânticos e petroleiros que, de vez em quando, mandam a sua mensagem civilizada na forma de óleo preto boiando na espuma das ondas. Picinguaba, perto de Ubatuba, foi uma aldeia assim, mas depois que foi descoberta pelo homem rico da cidade grande passou a sofrer transformações. Passou a conhecer o automóvel que tenta a viva força rasgar o seu tecido espontâneo por meio de cortes e aterros.

Como ela, muitas outras aldeias de pescadores sofreram a pressão do turismo predador, que em pouco tempo destrói justamente aquilo que lhe chamara a atenção como atrativo maior. A deseducação, a indiferença, o egoísmo e tantos outros comportamentos concomitantes e não controlados são os responsáveis pela desfiguração do nosso litoral e de suas cidades velhas e não só de suas aldeias. Trata-se de um fenômeno relativamente novo entre nós: a invasão de uma área por uma população adventícia em busca de lazer.

Um programa substituindo outro, com a troca de ocupação dos moradores originais que, de um jeito ou outro, passam a depender dos visitantes intermitentes que, inclusive, se apropriam de seus bens particulares alterando-lhes usos, funções e destinos, às vezes, promovendo verdadeiras recriações de mau gosto, além de desonestas. Voltaremos a esse assunto quando tratarmos de Parati, Ouro Preto e Santana do Parnaíba no capítulo destinado a discutir o "como preservar". O que desejamos agora é só mostrar como um artefato de uso coletivo de uma sociedade, a cidade, pode sofrer permanentes injunções transformadoras de variada natureza.

Naturalmente, surge, então, a pergunta: o que preservar ali na cidade do homem?

A nosso ver, essa pergunta é extremamente difícil de ser respondida de modo genérico e prático, principalmente porque temos que encarar o problema a partir de agora, já que a preocupação é recente e nossas cidades se transformaram à vontade e ao sabor da indiferença de todos, de todos justamente empenhados em alterá-las visando à "melhor qualidade de vida" a partir de novas expectativas advindas de novos programas de necessidades decorrentes do progresso.

Há uma frase feita que diz que cada caso é um caso, mas que é sempre repetida porque sábia ou prudente, servindo sempre de escudo protetor nas inquirições inesperadas. Cada cidade configura a problemática à sua maneira. Porém, acreditamos que certos parâmetros constantes podem ser definidos para servir de guias iniciais na abordagem do tema em qualquer circunstância que seja.

Inicialmente, pensamos que devem ser identificados os tipos de relações mantidas entre o traçado urbano e o sítio original, de implantação, fazendo da geomorfologia uma preocupação prevalente. Temos aldeias de pescadores na encosta íngreme ou no vale meândrico das baixadas aluvionares; temos cidades litorâneas em terrenos planos entre morros, como Iguape e Cananeia; temos cidades à beira-mar em cima da encosta e ao pé dela. Temos cidades beira-rio e cidades em acrópole. Cada uma com a sua história e seus critérios de apropriação do espaço. Cada uma teve a sua função peculiar ou principal orientadora de seu desenvolvimento. Muitas tiveram um crescimento muito vagaroso, porém constante e firme. Outras morreram crianças.

Várias nasceram aqui e cresceram ali; a mudança de sítio demonstrando escolha de local mais apropriado foi uma constante. O que interessa é como as cidades se adaptaram ao sítio de estabelecimento e nesse "como" estão implícitos todos os componentes culturais que podemos imaginar. Ao preservador de hoje resta a ver o que ainda existe como testemunho das primeiras adaptações espaciais, dos primeiros critérios de instalação e de apropriação do solo.

São Paulo, Santana do Parnaíba e mais meia dúzia de estabelecimentos urbanos dos dois primeiros séculos, por exemplo, são cidades do Planalto, em sítios de relevo movimentado, que tiveram sua trama de ruas condicionada à tecnologia de suas construções. Poucas cidades do mundo têm tão bem caracterizada a interferência da técnica construtiva na lógica da implantação urbana. Técnica construtiva única de uma sociedade segregada serra acima. Técnica advinda de uma seleção natural de materiais, a técnica da terra socada, a taipa de pilão. As grossas paredes de taipa resistem muito à compressão e são eternas quando protegidas da água que lhe abate facilmente a dureza pétrea. Daí, o horror às enxurradas, à água que lambe e corrói e a erosão ameaçadora sempre era evitada pelos profundos beirais e pelos assentamentos planos.

O paulista sempre artificializou o solo para construir, ao contrário do mineiro que, com suas estruturas autônomas, respeitava o terreno sempre movimentado. O paulista, antes de construir, aplainava o chão, fazia terraplenos e terraceamentos. Daí a conveniência de suas ruas serem sempre planas, ao longo das curvas de nível. Daí a planta da cidade de São Paulo dos primeiros tempos, só composta de ruas adaptadas ao terreno de modo a não apresentarem inclinações perigosas. A São Paulo de taipa não teve ladeiras construídas — a primeira e talvez única, a de São Francisco, a primeira também a ser calçada. Ladeiras construídas de ambos os lados, só em meados do século XIX, já com a vigência da cal nas alvenarias, principalmente nas de tijolos introduzidas popularmente pelos imigrantes, mas aí já temos novos dados culturais de nova sociedade determinando novas soluções urbanísticas.

Em Santana do Parnaíba, suas três ruas iniciais plantaram-se paralelas entre si à meia encosta e a localização de terreno da igreja única teve ter sido grave problema a ser resolvido, pois ele haveria de ser bem implantado e acessível às vias espontaneamente surgidas. Seria um terreno afrontando as curvas de nível, o que seria intolerável dado o desnível acentuado e a questão praticamente nunca foi resolvida, surgindo arrimos interruptores de uma desejável continuidade de pisos. Mais tarde os beneditinos, no fundo do Vale, é que conseguiram um adro mais folgado e plano. Tudo isso deve ser compreendido no exame do Patrimônio Ambiental Urbano daquela cidade e respeitadas todas as intervenções ao longo do tempo tendentes a adequar a cidade à técnica construtiva das suas casas.

O que é patrimônio histórico

Outras cidades, no entanto, já tiveram o seu nascimento controlado por determinações eruditas ligadas a uma conveniência estética de um cordeamento de ruas que se cruzam em ângulos retos indiferentemente à movimentação do perfil do terreno, como ordenavam as *Leyes generales de las Indias*, que desde o Código Filipino até as recomendações do Morgado de Mateus, em São Paulo, na segunda metade do século XVIII foram vigentes nos regulamentos urbanísticos inspirados diretamente pelo governo. No entanto, vemos sempre esse desejo controlador da regularidade e da simetria nos visuais nascido no Renascimento ser abandonado ao menor descuido das autoridades dada a total indiferença popular ao xadrez das ruas retas.

Veja-se esse descaso em Iguape, surgida não se sabe quando, mas oficialmente reconhecida como aglomerado urbano com foros de vila em 1638, que, instalada numa planície, teve seu traçado feito a esmo com raros alinhamentos paralelos ou retos. O terreiro da igreja velha, hoje demolida, era triangular, de alinhamentos convergentes em direção ao Mar Pequeno. Era o "Funil de Baixo". O "Funil de Cima", ali ao lado, ajudava a configurar quarteirões trapezoidais donde partiam becos e atalhos que levavam a grandes áreas livres destinadas aos acampamentos dos milhares de romeiros devotos do famosíssimo Senhor Bom

Jesus, que trazia para as suas festas de agosto viajantes de todo o sul desde Santa Catarina.

A partir do dinheiro do arroz, que lhe trouxe certa abastança no século XIX, a sua Câmara de Vereadores tratou de "civilizar" a cidade e passamos a ver novas ruas surgirem traçadas agora em esquadro com quarteirões regulares, praticamente o inverso do que aconteceu com as velhas cidades esboçadas pelos antigos engenheiros militares, como Frias de Mesquita, no norte do Brasil, cujos planos iniciais estavam concordes com as determinações reguladoras dos traçados em xadrez, mas que ao longo do tempo foram sendo abandonados devido ao pouco rigor da fiscalização ou por causa de intransponíveis obstáculos naturais do perfil do solo, como foi o caso de Salvador, com suas cidades, a Alta e a Baixa, a dos padres e a dos pescadores e exportadores de açúcar.

Não só as cidades dos primeiros séculos tiveram seus regulamentos desobedecidos ou desviados, mas também nas modernas, como Belo Horizonte e Brasília, vemos as intenções urbanísticas originais serem contrariadas sob alegações as mais diversas. A verdade é que nunca se controlou um desenvolvimento urbano com o rigor desejável pelos planos ou leis, resultando disso soluções espontâneas decorrentes do engenho e interesses da população. Interesses ou desinteresses os mais variados.

Assim, o traçado urbano, independentemente das construções ali apostas, deve ser a preocupação primeira do preservador envolvido com a problemática do Patrimônio Ambiental Urbano.

A nosso ver, depois de identificados os agenciamentos urbanos originais, principalmente ruas e praças, dever-se-ia procurar ali as construções suas contemporâneas, e poderíamos, então, analisar as relações espaciais primitivas ali mantidas. Cremos sejam essas relações prioritárias na definição daquilo a ser preservado, em conjunto, pois aí já pode estar configurada uma identidade cultural.

Pelo exposto, dentre nossas cidades, sejam de que idade forem, muito poucas ainda podem nos mostrar tais relações originais entre espaços livres e construções de mesma época. Espaços livres públicos, ou logradouros, espaços livres internos, ou quintais. Evidentemente, essas relações são decorrentes de variadas expectativas culturais, como já vimos; então, elas têm de ser entendidas tão somente como uma parte remanescente de outras articulações mais amplas e hoje desaparecidas e irrecuperáveis, inclusive, se estivermos cogitando de cidades ditas históricas. Talvez um exemplo ilustre melhor essa questão da irreversibilidade de situações primitivas.

Lembremo-nos, então, da Praça da Sé da cidade de São Paulo. Antigamente, ela era diminuta e de feitio irregular, onde desembocavam três ou quatro ruas, sendo as principais a Direita e a atual Quinze de Novembro. A partir de 1862 foi fotografada por Militão de Azevedo, que nos legou preciosos registros daquele espaço nobre da cidade, ainda humilde e incapaz de antever em toda a sua magnitude as profundas alterações que a estrada de ferro e o dinheiro do café e da indústria iriam trazer.

As sucessivas fotos históricas nos mostram ali uma arquitetura serena de taipa, guardando as construções referências entre si e com o terreiro, caracterizadoras de um estágio cultural de programas de necessidades estáveis ao longo de várias e várias gerações. A primeira das fotos nos apresenta a praça quase que vazia, com pessoas estáticas naquele cenário que pouco se alterara em quase trezentos anos, mostrando os sobrados somente algumas modernizações em seus arremates de envasaduras, num ou noutro beiral alterado com tábuas de forro a esconder os cachorros dos telhados antigos.

Vinte e tantos anos depois, já na vigência do ecletismo, vemos a mesma igreja na mesma praça, mas agora em nova companhia de recentes edifícios de tijolos e abrigando dezenas de tílburis guiados por cocheiros italianos de grandes bigodes. Novos dados no espaço urbano primitivo, ainda capaz de guardar os carros surgidos com o aperfeiçoamento dos meios de transporte.

O que é patrimônio histórico   59

Acima, Washington Luiz visitando, em 18 de abril de 1912, pela primeira vez, a casa do Padre Inácio, construção bandeirista histórica, no município de Cotia, em São Paulo. Trinta e cinco anos depois, de volta do exílio, visitou o monumento já restaurado, como se vê na foto seguinte.

A cidade pedestrianizada aos poucos ia conhecendo veículos de tração animal modernos e importados, logo os bondes puxados a burros marcavam o chão das ruas com seus trilhos ingleses. A fisionomia urbana ainda guardava as relações antigas, mas o uso da cidade já era outro. Os agenciamentos primitivos estavam começando a conhecer novos artefatos surgidos com a nova sociedade que se formava à custa dos imigrantes, principalmente italianos, que, na passagem do século, chegaram a compor cerca de 40% da população urbana.

É natural, então, que o tradicional pátio da Sé sofresse solicitações inesperadas e apresentasse aspectos novos. O velho, silencioso, deserto e escuro largo, em cujas imediações, nos primeiros anos, houve um assassinato envolvendo as duas principais famílias, os Pires e os Camargos, agora no fim do oitocentos era iluminado a gás e tinha os vãos de seus paralelepípedos do calçamento recente encharcados de urina das dezenas de cavalos das viaturas estacionadas, urina parada no chão plano, que fermentava e cujo cheiro dava agora ao local uma característica nova.

Tudo isso fazia parte do Patrimônio Ambiental daquele tempo e mesmo que, por um milagre, aquele cenário arquitetônico tivesse sido conservado não teríamos mais os trilhos dos bondes puxados a burros, os lampiões a gás, o

O que é patrimônio histórico 61

estrépito das ferraduras nas pedras de calçamento, o vozerio dos cocheiros conversando alto, o odor do estrume, os anúncios e gritos dos caixeiros das lojas atraindo a freguesia ressabiada e as mulheres sempre de preto, que andavam olhando para baixo em direção aos degraus da Sé velha.

Depois de 1912, começaram a catedral gótica na frente de vasta área conseguida com a demolição de dois quarteirões atrás da Sé, de taipa também derrubada, e surgiram então novos edifícios de vários andares que olhavam lá embaixo os bondes já elétricos e os táxis aguardando passageiros. Foi esse largo sem igrejas o cenário da reunião dos grevistas de 1917. Na nova praça, novas relações, novos artefatos. Quem não se lembra do Edifício Santa Helena, com seus pintores modernistas? E depois ainda outras desapropriações, mais espaços vazios para a estação do Metrô. Hoje aquele imenso espaço livre é de uso múltiplo.

A cidade se alterou e não guardamos nada dos tempos antigos ali no coração da cidade, a não ser meia dúzia de fotografias. Isso foi muito natural na cidade em processo de metropolização fadada à desmemória.

Com isso, percebemos que a problemática da conservação do Patrimônio Ambiental Urbano apresenta inúmeras facetas que variam conforme a história do desenvolvimento das cidades, que vão desde a metrópole caótica até as cidades que Monteiro Lobato chamou de mortas porque esvaziadas de recursos econômicos, como as do Vale do Paraíba, devido ao declínio da produção cafeeira na região. Cidades mortas, estagnadas e de casas desertas. Mas, em qualquer uma dessas cidades, é impossível a recuperação, em sua totalidade, do que tivesse sido o seu original conjunto articulado de bens culturais, porque a sociedade hoje não é a mesma e está a fim de usar outros artefatos em outros programas. No fundo, restam-nos a conservar cenários compostos de fachadas de casas velhas, como tem sido feito.

Sim, conservamos alguns cenários, mas eles nos são da maior importância porque foi o pouco que nos restou, já que nunca soubemos preservar outros documentos de nossas antigas populações urbanizadas, enquanto, aos poucos, fomos destruindo nossos elementos da natureza envoltória, cujos recursos, aos poucos, foram escasseando e sendo esquecidos, e também distraidamente fomos olvidando os conhecimentos populares e os modos de "fazer", que até há pouco tempo nos ajudavam a sobreviver.

A preservação dessas visuais cênicas são de suma importância, porque, antes de tudo, nos revelam, nas relações espaciais, até intenções plásticas nem sempre compromissadas com a estética oficial das ordenações; nos revelam soluções de uma arquitetura às vezes uniforme e decorrente de uma mesma técnica construtiva, e

O que é patrimônio histórico

outras vezes diversificada, como no ecletismo, interessando, então, aos estetas, aos estudiosos de questões arquitetônicas ou de engenharia, aos antropólogos, aos sociólogos e aos turistas.

Os significativos espaços abertos, os viadutos, as pontes, os grandes edifícios, as torres, os parques e os jardins, além de acidentes naturais, como o Pão de Açúcar, no Rio, ou o espigão da Avenida Paulista, em São Paulo, tudo isso, isoladamente ou em conjunto, são também os pontos referenciais ligados à inteligibilidade dos espaços urbanos, à "leitura" da cidade. São bens culturais cuja permanência é necessária à perfeita fruição da população urbana.

Finalmente, temos que lembrar, então, que existem hoje três hipóteses de situações urbanas, onde os bens culturais tangíveis comparecem sugerindo providências diversificadas dos preservadores. A primeira é aquela que reúne um traçado urbano qualquer acompanhado de construções originais que podemos chamar de primárias, suas contemporâneas como já vimos. É aquela que encontramos em Brasília, Ouro Preto, em Parati, em Areias, no vale do Paraíba e em certos trechos de Iguape e de tantas outras cidades velhas que, por um motivo ou outro, guardaram seus edifícios antigos formando verdadeiras "manchas", cujos relacionamentos primitivos com as áreas livres originais ainda estão conservados.

A segunda hipótese é aquela que mostra traçados urbanos quaisquer cujas construções lindeiras não são mais as originais devido, principalmente, a sucessivas solicitações de programas sempre renovados. É o caso das antigas ruas centrais de São Paulo, que formam o folclórico "Triângulo".

A rua Direita, por exemplo, já foi estritamente residencial, quando, no primeiro e segundo séculos, a rua da Quitanda se resumia na "zona comercial" da cidade humilde. Hoje ela só abriga lojas em edifícios de variadas idades completamente envolvidos por espalhafatosos aparatos publicitários, com suas novas visuais caracterizadoras de uma outra situação. No caso da segunda hipótese, o que há a preservar prioritariamente é só a trama urbana desacompanhada, conforme o caso, de suas construções adjacentes. Foi o que aconteceu, por exemplo, com Cananeia, cujo tombamento incluiu a rua Tristão Lobo, muito parca em construções antigas originais.

A terceira hipótese é aquela que apresenta conjuntos de construções antigas situadas em logradouros públicos alterados devido a intervenções modernas em traçados primitivos. A Avenida Getúlio Vargas, no Rio, por exemplo, surgida a partir da demolição de sucessivos quarteirões, deixou à mostra séries de pequenos sobrados do século XIX antes relacionados a ruas e becos estreitos desaparecidos com as desapropriações.

Verificamos que os casos nunca se repetem identicamente, embora entre muitos deles haja possibilidades de influências encadeadas nas determinações de reformulação de velhos espaços urbanos. É claro, por exemplo, que podemos vislumbrar remotamente o comportamento e influência de Hausmann, via Buenos Aires, nas providências de Rodrigo Alves e Pereira Passos no Rio, na abertura da avenida Central, hoje Rio Branco.

Enfim, a salvaguarda do chamado Patrimônio Ambiental Urbano depende de uma série incrível de fatores, os principais de ordem econômico-social, que mais tarde iremos abordar e de que por ora nos basta a noção de sua complexidade.

* * *

Por tudo o que vimos, é imprescindível ordenar ou classificar todos os bens que compõem um Patrimônio Cultural e, portanto, estabelecer regras de como e onde preservá-los em sua totalidade ou selecionando elementos realmente representativos. Vimos o esforço de Mário de Andrade querendo abranger tudo que interessasse à antropologia cultural. Vemos constantemente particulares cuidando de bens de seus interesses de classe e o surgimento de Patrimônios Culturais Setoriais às vezes preservados até com certo rigor científico. Mas o que nos interessa é o mal definido Patrimônio Histórico e Artístico que entidades governamentais, desde o SPHAN de 1937, estão a gerir e tentando preservar apesar dos entraves políticos e financeiros acrescidos do desinteresse popular e da falta de pessoal habilitado.

Até o final da década dos anos setenta, tais repartições públicas, municipais, estaduais ou federais, trataram de preservar, principalmente, bens arquitetônicos, quase todos de exceção. Mas por meio da atuação pioneira do Centro Nacional de Referência Cultural, órgão imaginado oportunamente pelo Ministro da Indústria e Comércio Severo Gomes e na Secretaria da Educação de Brasília em convênio com a universidade local, é que uma visão mais abrangente foi se definindo e se passou a cuidar e registrar indistintamente atividades peculiares do homem brasileiro, como já havia antecipado o projeto de Mário de Andrade.

Daquela citada providência do saudoso Severo Gomes, nasceu, em fevereiro de 1979, a Fundação Nacional Pró-Memória, agora sediada na Secretaria de Cultura do Ministério da Educação e Cultura, que passou a gerir as coisas do Patrimônio Cultural paralelamente à ação da SPHAN. Ambas as entidades foram comandadas exemplarmente pelo *designer* Aloísio Magalhães até o seu falecimento em Pádua, Itália, em 1982.

Essa dualidade operacional de comando durou cerca de dez anos, pois tanto a FNPM como a SPHAN foram

O que é patrimônio histórico 67

extintas pela Lei nº 8.029, de 16 de abril de 1990, para dar nascimento ao Instituto Brasileiro do Patrimônio Cultural, cuja constituição foi regulamentada pelo Decreto nº 99.240, de 7 de maio do mesmo ano. Esse instituto de natureza autárquica, algum tempo depois, foi batizado com a sigla IPHAN, para guardar a memória da veneranda entidade de Rodrigo Mello Franco de Andrade criada em 1937 como vimos.

Sessenta e três anos depois da criação do SPHAN, surgiu finalmente o modo legal de se registrar os elementos não tangíveis de nosso Patrimônio Cultural. Em 4 de agosto de 2000 foi promulgado pelo presidente Fernando Henrique o Decreto nº 3.551, que instituiu o "registro de bens culturais de natureza imaterial que constituem o Patrimônio Cultural brasileiro". O corpo de seu artigo 1º indica com precisão a abrangência dessa resolução governamental quando ordena o registro de bens imateriais nos seguintes livros:

I – Livro de Registro dos Saberes, onde serão inscritos conhecimentos e modos de fazer enraizados no cotidiano das comunidades;

II – Livro de Registro das Celebrações, onde serão inscritos rituais e festas que marcam a vivência coletiva do trabalho, da religiosidade, do entretenimento e de outras práticas da vida social;

III – Livro de Registro das Formas de Expressão, no qual serão inscritas manifestações literárias, musicais, plásticas, cênicas e lúdicas;

IV – Livro de Registro dos Lugares, em que serão inscritos mercados, feiras, santuários, praças e demais espaços onde se concentram e reproduzam práticas culturais coletivas.

§ 2º – A inscrição num dos livros de registro terá sempre como referência a continuidade histórica do bem e sua relevância nacional para a memória, a identidade e a formação da sociedade brasileira.

§ 3º – Outros livros de registro poderão ser abertos para a inscrição de bens culturais de natureza imaterial que constituam patrimônio cultural brasileiro e não se enquadrem nos livros definidos no parágrafo primeiro deste artigo.

Agora, constatado o total alcance da legislação vigente quanto ao elenco de bens significativos, todos nós estamos aptos a encarar a problemática constituída pela preservação do nosso Patrimônio Cultural com olhos modernos, selecionando, apoiados na sapiência devida, o que preservar e procurando organizar o grande cadastro documentado dos bens definidores da nacionalidade.

COMO PRESERVAR?

Esta expressão, "como preservar", pressupõe uma série infinita de atividades e de posturas perante o elenco de bens culturais do nosso patrimônio, implicitando, inclusive, atuações interdisciplinares e julgamentos os mais variados.

A maior parte do pouco que temos preservado deve-se à ação isolada e interesseira de grupos de colecionadores, como já vimos. Satisfazendo suas atividades de lazer específicas, estão a selecionar e a guardar bens culturais móveis, como, por exemplo, obras de arte em geral, moedas, selos, máquinas, aparelhos mecânicos, livros, estampas e gravuras, receitas de comida, partituras musicais, discos, antiguidades, porcelanas, cerâmicas populares, imagens sacras, vidros, pratas, joias, autógrafos etc. etc. São o que podemos chamar de guardiães de seus "Patrimônios Setoriais" ou patrimônios de classe.

Assim, o simples colecionismo se transforma num modo de preservação eficaz, principalmente quando os conjuntos colecionados representam valor alto. Não se colecionam bens destituídos de interesse pecuniário e assim mesmo, quando isso acontece, o conjunto dessas peças sem valor, logo que completo, pode vir a ter altas avaliações. No entanto, não há quem colecione casas de uma rua ou monumentos de uma cidade e, em geral, esses chamados "bens imóveis" necessitam do amparo e da autoridade do governo. Daí, as entidades oficiais, sejam repartições públicas ou fundações, a zelar pelo chamado Patrimônio Histórico e Artístico.

Estão elas a cuidar de bens arquitetônicos e de alguns bens móveis, estes, quase sempre, "aderentes" aos monumentos, naquilo que chamamos de integração das artes.

O "como preservar", que então nos interessa primordialmente neste livrinho, é aquele relacionado com a conservação de bens culturais arquitetônicos e sobre esse assunto há muito o que falar. Inicialmente, havemos sempre de cogitar a respeito das relações que a construção mantém com o programa de necessidades a ser satisfeito em suas dependências. O uso do edifício nas

O que é patrimônio histórico

condições previstas pelo projeto é já de início o primeiro fator de sua conservação garantida. Realmente, a satisfação integral do programa é condição básica de preservação da integridade de uma obra arquitetônica.

Nesta ocasião, relembramos o exemplo da basílica romana, a que já nos referimos linhas atrás, que é significativo por dois motivos. Primeiro, porque é um raríssimo exemplo de um partido arquitetônico vinculado a um determinado programa, depois de certo tempo, passar a servir muito bem o outro programa completamente diverso. Antes, nas basílicas romanas se desempenhavam atividades laicas, como sabemos. Com o advento do cristianismo, recém-saído das práticas secretas das catacumbas, a basílica ajustou-se à função de templo, sem necessidades de obras de adaptação.

Seu pórtico semiabrigado, que recebeu o nome de galilé, lembrando a Galileia bíblica, passou a ser o local de permanência dos catecúmeros à espera do batismo. Quem já fosse batizado poderia entrar no grande salão, que se tornou a nave dos fiéis embarcados na condução de São Pedro, o pescador. A cerimônia da Santa Missa se desenvolvia com o altar instalado na abside do pretor romano, local que passou à posteridade com o nome de capela-mor. Em segundo lugar, temos de nos lembrar que o ritual da celebração das cerimônias religiosas da Igreja católica não se alterou significativamente nestes dois mil anos, e isso fez com que o partido arquitetônico dos templos se repetisse indefinidamente, havendo só as inevitáveis variações técnico-construtivas, as mudanças estilísticas. E isso faz também com que nas cidades em processo de metropolização, que se desenvolvem sobre si mesmas em implacável autofagia, somente os templos católicos sobrevivam na sua construção original por nunca terem tido a necessidade de adaptações advindas de alterações programáticas.

Enfim, a primeira norma de conduta ligada ao "como preservar" é manter o bem cultural, especialmente o edifício, em uso constante e sempre que possível satisfazendo a programas originais. Mas isso não é fácil. O grande problema é que os movimentos preservadores sempre já encontram as construções de interesse arruinadas, mutiladas, aviltadas por acréscimos espúrios, descaracterizadas e muitas vezes irrecuperáveis no seu aspecto documental. Daí ser bastante interessante um breve histórico sobre o comportamento dos técnicos perante as várias hipóteses relativas ao estado de conservação dos monumentos, a partir do século XIX, e nisso nos é útil a classificação esquemática do Prof. Ambrogio Annoni constante em sua obra *Scienza ed arte del restauro architettonico*, à qual introduziremos alguns comentários esclarecedores.

No seu quadro, onde faz uma síntese das teorias da restauração, de início, aquele autor italiano classifica os bens arquitetônicos em ruínas, em edifícios danificados, mas recuperáveis, e em construções "sãs", isto é, boas para uso, mas podendo apresentar três hipóteses: estarem modificadas em sua feição original devido a acréscimos sucessivos, naturalmente decorrentes de alterações de programas; estarem, ao contrário, incompletas, ou por não terem sido terminadas, ou por terem sido mutiladas por motivos variados; e, finalmente, construções com o seu partido e volumetria originais conservados, mas necessitando de obras de "revalorização" a que também chamamos de revitalização ou de reciclagem. Não esquece o autor, também, as questões do urbanismo a que denominamos de relativas ao Patrimônio Ambiental Urbano.

O professor italiano chama de "método romântico ou de reintegração estilística" aquele que emocionou os arquitetos amantes do passado a partir dos meados do século XIX, especialmente Viollet-Le-Duc. Tais restauradores eram realmente dotados de grande erudição e tinham verdadeira obsessão pela arquitetura medieval, procurando, a duras penas, recuperar em sua integridade todos os monumentos daquele período histórico, mesmo que fosse necessário reconstruir quase tudo a partir das ruínas identificadas como significativas; e, para tanto, como que transfigurados, se colocavam "no lugar" do arquiteto primitivo autor da obra. Nos edifícios danificados, reconstruíam as partes desmoronadas, combalidas ou faltantes exatamente como tinham sido feitas anteriormente de modo a não poderem ser percebidas mais tarde depois da recuperação total, e para isso, evidentemente, não poderiam prescindir de mão de obra altamente especializada.

Os edifícios com acréscimos sucessivos eram impiedosamente "purificados", isto é, expurgados de quaisquer trabalhos posteriores à fatura original, mesmo que tivessem suas próprias qualidades artísticas bem definidas. Esse comportamento foi geral na Europa toda e, em alguns lugares, praticamente chegou até nossos dias. Em Portugal mesmo pudemos ver inúmeras "recuperações" nas quais valiosíssimos trabalhos barrocos dos tempos do farto ouro brasileiro foram destruídos em benefício da volta de singelas e humildes expressões românicas dos tempos da firmação da nacionalidade lusitana. Hoje, isso seria imperdoável.

Esses mesmos restauradores românticos, na complementação ou revalorização de edifícios, coerentemente aumentavam áreas construídas dentro do estilo e da fatura originais, sempre procurando a "unidade" desejável. Está claro, também, que recomendavam fossem as áreas

O que é patrimônio histórico 75

envoltórias dos monumentos construídas com a preocupação de se observar o mesmo estilo, numa perfeita adequação plástica de modo à construção antiga preservada ficar "enquadrada" harmoniosamente quaisquer que fossem as visuais. Essa providência foi normal em Londres da rainha Vitória, por exemplo, quando imperou o estilo neogótico nascido das discussões sobre o tolerante ecletismo, que aceitava outros estilos além do neoclássico.

O método historicista tolerava reconstruções recuperadas, inclusive de ruínas, dentro do mesmo estilo e acabamento, mas não aceitava as "fantasias" ou invenções ditas românticas: tudo haveria de ser estribado em documentação hábil e veraz. Nas chamadas "purificações", os testemunhos de épocas posteriores à construção poderiam ser demolidos, desde que houvesse prova documental de como teria sido a construção primitiva. Toda revalorização seria sempre uma reconquista da "unidade estilística".

Talvez tenha sido com a Conferência de Atenas, em 1931, o início do método arqueologista, que já contraria os anteriores. Aceita tão-somente a pura consolidação de ruínas, não admitindo recomposições fantasiosas ou imitativas, mas aceita aproveitamento de espaços por meio de obras modernas. Admite, somente, conforme o caso e a iconografia existente, a anastilose, isto é, a reconstrução baseada nos elementos originais dispersos ainda conservados. Condena, também, a demolição gratuita de acréscimos nas "purificações" quando eles possuem valor histórico ou artístico, qualquer que seja a sua época.

Depois, vem o método dito científico. Este proíbe terminantemente reconstruções de ruínas e o uso de seus espaços disponíveis, exigindo que nos trabalhos de consolidação estejam de modo visível e claro os materiais e recursos da nova tecnologia ali empregada. Nos monumentos danificados, as partes reconstruídas jamais deverão imitar as originais, mas havendo sempre o cuidado de não se obter desarmonias. Nos edifícios com acréscimos, respeitar todas as intervenções lícitas, demolindo-se somente as intromissões espúrias comprometedoras do partido original.

Nos acréscimos novos aos edifícios que necessitam de aumento de área, o estilo a ser empregado é o "estilo neutral", no dizer do professor Annoni, que seria um estilo descompromissado plasticamente na ornamentação com o outro ali existente, mas mantendo as mesmas relações de cheios e vazios e talvez a mesma modinatura. Esse é o método que praticamente todos estão a seguir, como logo veremos.

Menciona ainda o autor italiano mais dois métodos: o "não método", aquele, como a expressão diz, que considera cada caso de per si: cada caso é um caso, cada um tem a sua solução peculiar, só não admite reconstruções de ruínas, e, finalmente, o método artístico ou de reintegração artística, que nada mais é que a combinação dos métodos arqueologista e científico, enfatizando-se os aspectos plásticos, principalmente aqueles de adequação estética do meio ambiente ao monumento, e pelo visto é o método que mais seguidores possui na Itália, como sugerem citações do autor.

Esses métodos foram sendo seguidos com total liberdade pelos especialistas dos vários países segundo suas tendências filosóficas ou gostos pessoais, e em grande parte das vezes as entidades públicas destinadas a zelar pelo patrimônio arquitetônico, por não terem uma política definida, faziam vista grossa a comportamentos personalistas, muitas vezes interesseiros, quando viam na "mistificação romântica" vantagens proporcionando oportunidades de firmação dentro da classe dominante com a revivescência de cenários antigos.

E é incrível a gente verificar que isso é possível até hoje, como ocorreu recentemente com a total reconstrução da igreja do Pátio do Colégio, em São Paulo, a partir de más interpretações de duas ou três fotografias do século XIX e de mais meia dúzia de desenhos ingênuos de um ou outro viajante ou artista popular que passou pela cidade.

Foi justamente para evitar esse fabrico de bens artificiais que pretendem substituir bens culturais próprios de outras épocas e de outras tecnologias, para evitar outros abusos e, também, para tentar normalizar em todo o mundo os procedimentos preservadores que se reuniu, em maio de 1964, em Veneza, o Congresso Internacional de Arquitetos e Técnicos em Monumentos Históricos.

Eram setecentos profissionais, inclusive brasileiros, ligados à restauração de monumentos, que se reuniram preocupados com a falta de entrosamento e de conceitos comuns no trabalho de preservação de bens culturais.

O tema de tal congresso foi a "conservação do Patrimônio monumental e ambiental no mundo, num momento em que sente-se, também nos países de nova formação, a necessidade de conservar os valores artísticos e os elementos representativos das civilizações do passado fundindo seu espírito com a vida moderna". Conforme Gian Carlo Gasperini, o relator da comitiva brasileira o congresso "seguindo os princípios estabelecidos em 1957, em Paris, propunha criar uma 'Carta Internacional de Restauração de Monumentos' para a implantação de uma política comum de pesquisas e valorização dos monumentos em seu ambiente, dos centros históricos e da paisagem".

Naquele encontro, "O programa de trabalhos foi dividido em cinco seções, cabendo a cada uma a análise de um setor específico da Restauração e permitindo a cada congressista ou delegação uma participação mais ampla e ativa a todas as diferentes especializações".

À primeira seção coube a "Análise da Teoria da Conservação e Restauração de Monumentos"; à segunda seção, a "Análise dos Métodos", que foi subdividida em três grupos de trabalho lidando com a restauração arqueológica, com as novas técnicas de restauração e com "a problemática da restauração, como teoria destinada à integração dos monumentos na vida moderna".

A terceira seção preocupou-se com os problemas jurídicos relativos às questões ligadas à proteção de monumentos, de ambientes monumentais dos chamados centros históricos e paisagísticos. A quarta seção tratou dos resultados práticos advindos das escavações arqueológicas e das descobertas efetuadas durante obras de restauração. Finalmente, a quinta seção cuidou das "medidas preliminares de proteção do Patrimônio Monumental".

Os trabalhos dos arquitetos ali reunidos foram profícuos e rapidamente chegaram a conclusões interessantes ligadas, antes de tudo, à conscientização de obrigações comuns, e daí foi fácil a criação do "Icomos, estatuto preparado pela Unesco, à semelhança do já existente Icom, que reúne técnicos mundiais dos museus", visando à reunião de todos os órgãos nacionais de proteção de monumentos.

Daí, dada a ampla anuência da delegação brasileira, estarmos hoje sujeitos aos sábios ditames do documento nascido naquela reunião, denominado "Carta de Veneza", cuja redação nos leva a adotar o chamado "método científico" mencionado por Annoni, fato que provocou duras discussões entre alguns participantes.

Conta-nos, por exemplo, o nosso relator Gasperini da polêmica nascida entre o representante norte-americano Professor Charles Porter, adepto da "reconstrução integral dos monumentos desaparecidos como fonte de instrução e de satisfação espiritual", com o Professor Roberto Panem, da Universidade de Nápoles, que já propugnara por uma "qualificação moderna" da restauração e conservação dos monumentos.

É de sumo interesse o texto da Carta de Veneza e a todos não podem escapar as suas recomendações. Em resumo, ela expõe e sugere o seguinte, segundo o nosso modo de ver:

1. "O monumento é inseparável do meio onde se encontra situado e, bem assim, da história da qual é testemunho". Procura-se, então, relacionar o bem cultural (o monumento, que, inclusive, pode ser uma obra modesta) com o seu meio ambiente, com sua área envoltória, com o seu contexto socioeconômico, recusando-se a encará-lo como trabalho isolado no espaço.

O que é patrimônio histórico

2. A conservação e a restauração de monumentos são fundamentalmente atividades interdisciplinares, que apelam "para todas as ciências e todas as técnicas capazes de contribuir para o estudo e salvaguarda do patrimônio nacional (...)". Daí, a ampla relação de especialistas a que recorre o arquiteto responsável pela intervenção preservadora. Esse auxílio de técnicos vai desde a participação de historiadores, críticos de arte, arqueólogos, na identificação correta do bem cultural até o concurso de peritos em mecânica do solo, em comportamentos de materiais perante a poluição ambiental, em estabilidade de velhas construções combalidas, em pinturas depauperadas etc.

3. O uso do edifício, quando correto, conserva-o, e sua utilização "não pode alterar a disposição dos elementos" que o compõem. E o caso da adequação do programa, tanto o original como outro qualquer surgido por trabalhos de revitalização, ao partido arquitetônico. Neste caso de atribuição de "função útil à sociedade" dada ao monumento não se pode esquecer, também, de sua área envoltória que deve ser usufruída com dignidade.

4. Hoje, nem sempre as técnicas tradicionais são suficientes à perfeita consolidação de edifícios ameaçados, sendo lícita a busca de "técnicas modernas", "cuja eficácia tenha sido comprovada por meios científicos e pela experiência".

Daí a liceidade dos moderníssimos experimentos com resinas de complexa química industrial em "colagens" e complementações de alvenarias antigas, de elementos estruturais comprometidos por fissuramentos etc.

5. "A restauração é uma operação que deve ter caráter excepcional. Ela visa a conservar e a revelar o valor estético e histórico do monumento. Apóia-se no respeito à substância da coisa antiga ou sobre documentos autênticos e deverá deter-se onde começa a conjuntura. Além disso, todo trabalho complementar, verificado indispensável, deverá se destacar da composição arquitetônica e levará a marca de nosso tempo".

Este item da Carta de Veneza é, talvez, o mais importante. Primeiro, porque taxa de excepcional o caráter da restauração às condições originais por pressupor que todo bem cultural deve ser ininterruptamente bem usado mesmo à custa de adaptações, e portanto a tentativa de sua volta à feição antiga quase nunca vem a satisfazer programas modernos e é por isso que se verifica amiúde a "museificação" de edifícios recuperados inutilizando-os às funções ou usos contemporâneos, o que, na verdade, não interessa.

A restauração científica não permite conjecturas e, portanto, o arquiteto deve deter-se quando sua imaginação é solicitada a ir buscar soluções francamente modernas e

O *que é patrimônio histórico*

pessoais nos trabalhos de complementação, que deverão mostrar claramente a sua contemporaneidade, sendo, então, condenáveis os "disfarces", as imitações que nunca passarão de falsificações a concorrer com os agenciamentos autênticos.

A Carta de Veneza, assim, pede que a "restauração não falsifique o documento de arte e de história". Isso ainda nos sugere mais reflexões e nos aconselha a distinguir com precisão dois tipos de restaurações, principalmente à vista da acepção corrente do termo "restaurar", que é usado indistintamente tanto para designar reversões a situações originais (operações de caráter excepcional, como vimos) como para denominar intervenções que procuram manter aparências ou exterioridades semelhantes às primitivas, enquanto facilitam novos usos ou adequações às exigências modernas. Em ambas as hipóteses semânticas está garantida a preservação dos bens culturais, mas os resultados finais realmente são bastante diferenciados entre si.

Raramente a primeira intervenção é possível e, na verdade, é quase que só aplicável na prática a monumentos também atendidos dentro do significado popular: a construção evocativa e comemorativa sem outras possibilidades de uso. Esse tipo de restauração quase sempre será ligado à construção que Annoni chama de sã, necessitando apenas de revalorização.

A grande maioria das "restaurações", no entanto, são acompanhadas de introduções à organização do espaço definido pela construção a preservar. No fundo, sempre há uma alteração formal que impede o retorno do bem cultural à sua exata feição original, mas isso até certo ponto não tem muita importância porque está, de qualquer forma, garantida a preservação, e as "introduções", quando honestas, não passarão de meras "marcas de nosso tempo", propiciando, ainda, "recriações", algumas de muito mérito.

6. "As contribuições de todas as épocas para a construção de um monumento devem ser respeitadas, não devendo considerar-se a unidade do estilo como o objetivo a alcançar no curso de uma restauração". Esta recomendação flui naturalmente a partir do que já foi dito, aceitando tacitamente as "marcas" dos outros tempos. "Quando ocorrem num edifício diversas contribuições superpostas, a recuperação do estado jacente não se justifica senão excepcionalmente e sob condição de que os elementos a serem retirados não apresentem nenhum interesse, ao passo que a composição, colocada à mostra, constitua um testemunho de alto valor histórico, arqueológico ou estético e seu estado de conservação seja julgado satisfatório.

O julgamento do valor dos elementos em causa e a decisão sobre as eliminações a serem feitas não podem depender somente do critério do autor do projeto". O final desta frase tem um valor que muitas vezes passa despercebido, mas todos devem atentar à recomendação de que os julgamentos não devam ser pessoais — o arquiteto sempre deverá ouvir terceiros, especialistas que a interdisciplinaridade do tema está a recomendar. Nada de resoluções pessoais.

7. "A remoção total ou parcial de um monumento do sítio original para outro local não pode ser tolerada, salvo se a sua preservação assim o exigir ou se razões de grande interesse nacional ou internacional a justificarem". Esse é o caso de algumas intervenções já havidas, quase sempre envolvendo monumentos ditos da humanidade, como, por exemplo, os templos egípcios ameaçados pela represa de Assuã.

8. "A preservação do monumento implica a da moldura tradicional; as construções, demolições ou agenciamentos novos não poderão, pois, alterar as relações de volume e colorido do monumento com seu ambiente próprio". Nesta recomendação têm início as regras que norteiam os procedimentos ligados ao Patrimônio Ambiental Urbano, ao valorizar as relações que mantêm as construções com suas áreas envoltórias, principalmente quando podem surgir comprometimentos de equilíbrio ou de escala.

9. "O agenciamento de ruínas e as medidas necessárias à conservação e à proteção permanente dos elementos arquitetônicos, assim como dos objetos descobertos, serão assegurados. Por outro lado, todas as iniciativas deverão ser tomadas com o objetivo de facilitar a compreensão do monumento descoberto, sem jamais desvirtuar sua significação. Todo trabalho de reconstrução deverá, entretanto, ser excluído *a priori*, somente a anastilose pode ser admitida, quer dizer, a recomposição de partes existentes, porém desmembradas".

10. "Os trabalhos de conservação, de restauração e de escavações serão sempre acompanhados de uma documentação precisa sob a forma de relatórios analíticos e críticos, ilustrados com desenhos e fotografias." Esta última recomendação é extremamente importante porque exige das entidades encarregadas da salvaguarda dos monumentos importantes à preservação da memória social um procedimento sistemático de coleta e registro de dados necessários à compreensão daquilo com que se lida. Tais relatórios devem anteceder os trabalhos de preservação e, também, acompanhá-los, baseados em cadernos de obras. Os trabalhos preliminares se dedicam às pesquisas mais variadas, sempre acompanhadas de levantamentos relativos ao universo de elementos do patrimônio cultural da região onde se situa o bem em estudo.

Há de se conhecer todas as relações e modos de articulação entre os bens significantes. Somente após desejável nível de informações que possibilitem análises e críticas pertinentes é que se começa a intervir no monumento. Assim, trabalhos metódicos vão, aos poucos, ensejando o aparecimento daquilo que chamamos de "banco de dados".

Essas informações coletadas são importante instrumento operacional e passam a servir constantemente a sucessivos trabalhos de preservação. Os registros de andamento das obras, sempre na forma de cadernos, são valiosos documentos a comprovar as várias etapas dos trabalhos, justificando sempre decisões ocorridas, principalmente por motivos imprevistos. Na verdade, nenhuma restauração poderá ser julgada e aceita sem serena análise de toda a documentação coletada antes de seu início e de todos os registros providenciados durante o seu processamento.[3]

Oito anos após a reunião de Veneza, cuja carta se tornara o guia universal e infalível de todos os procedimentos visando a conservação de monumentos componentes de patrimônios culturais pelo mundo afora, aconteceu a Convenção do Patrimônio Mundial Cultural e Natural

---

[3] Há várias traduções da Carta de Veneza. Esta que comentamos e transcrevemos é a que nos está em mãos e comparece em "Documento 1" de *Arquimemória*.

promovida pela Unesco, em 1972. Seu escopo era qualificar e registrar bens tangíveis e naturais de alto interesse para a humanidade, providência mais que oportuna, pois o homem do ecúmeno haveria de ter para sempre o registro de suas singulares e inconfundíveis proezas de permeio a cenários únicos e impactantes da natureza.

A partir daquela data, teve início a seleção dos almejados "monumentos da humanidade", quando se verificou ter havido em certos bens culturais significativos de localidades asiáticas, sobretudo no Japão, a ocorrência de procedimentos conflitantes com o espírito de certas determinações da Carta de Veneza ligadas à autenticidade de edificações significativas. Explicando melhor, que postura haveriam de assumir os técnicos internacionais componentes de comissões destinadas a ajuizar sobre a pertinência de solicitações de enquadramento de certos templos no patrimônio mundial que, sabidamente, desde tempos imemoriais haviam sido refeitos em intervalos de 100, 200, 300 anos?

Esse refazimento periódico foi sempre resultante da troca dos componentes de madeira do sistema estrutural lesados tanto pelos insetos xilófagos como pela umidade do ar ou pelas chuvas constantes, por incêndios ou agressões etc. Tais intervenções reparadoras de grande alcance, porque sistemáticas, tornaram-se, com os séculos, recorrentes

O *que é patrimônio histórico*   89

e daí a sua aceitação como legítimos procedimentos de ordem cultural. Esse o tema central e deflagrador da reunião de especialistas em 1994, em Nara, Japão, cujo documento conclusivo nos interessa devido à discussão havida sobre a questão da autenticidade dos monumentos em geral.

Não cabe aqui neste pequeno livro dedicado a orientar os "primeiros passos" transcrição completa do Documento de Nara, onde estão explicitadas as conclusões emanadas de um fórum reunindo peritos chamados pelas autoridades japonesas para refletir sobre a, até então, mal definida "autenticidade" atribuível de preferência aos monumentos a serem tombados.

O Dicionário Houaiss nos ensina que o adjetivo "autêntico" designa uma origem comprovada de qualquer "época, fabricação ou localidade." Daí, "autenticidade", substantivo que indica "qualidade, condição ou caráter de autêntico." Na primeira acepção transcrita daquele dicionário, surge a palavra *localidade* que devemos entender como indicativa de qualquer sítio habitado do globo terrestre e estudado em qualquer *época* de sua história. Isso pressupõe um número infinito de culturas diversas em seus processos evolutivos. Em consequência, no seu item 11, o Documento de Nara, diz: "(...) Não é, por isso, possível basearem-se os julgamentos de valores e de autenticidade de acordo com critérios fixos. Pelo contrário, o respeito devido a todas as culturas exige que as propriedades de patrimônio sejam consideradas e julgadas dentro dos contextos culturais a que pertencem".

Aqui entre nós, a palavra autenticidade é cotidianamente usada como antônima de "falso" e sobretudo para alertar sobre a troca da qualidade do material empregado no artefato em discussão, mas praticamente não ocorre a ninguém usá-la referindo-se aos componentes da construção. O Documento de Nara, no entanto, no seu item final, o 13º, cuida da autenticidade dos materiais e das substâncias originais empregadas nas construções elencadas como representativas das culturas em apreciação. Ele também alerta sobre a forma, o desenho, o uso, a função, as tradições e as técnicas. Em resumo, tal documento cuida do partido arquitetônico e do programa de necessidades ou funções originais do monumento.

Nesta hora, cabe uma reflexão sobre certos critérios a serem observados entre nós em obras de restauração ou de adaptação de construções tombadas destinadas a programas diversos dos originais. Necessariamente, há de se respeitar o partido arquitetônico, a volumetria, os espaços significativos caracterizadores do programa primitivo, enfim, o mais que possível respeitar a obra representativa que documenta o modo de proceder e o gosto dos antigos.

Ao longo do tempo e com a marcha inexorável do progresso, os programas de necessidades se alteram paulatinamente; eles são, na verdade, conteúdos que se transmudam no interior de seus continentes imutáveis de pedra, tijolos ou concreto armado. Geram processos de requalificação de velhas construções, e assim, a autenticidade vai-se, restando inautêntico o documento arquitetônico com nova serventia satisfazendo, até quando não se sabe, a novas atribuições programáticas.

O aspecto mais importante do Documento de Nara é o relativo à autenticidade da substância, do material empregado na construção, simplesmente porque ela está intimamente ligada à técnica edificatória e esta, por sua vez, particularmente relacionada com o saber fazer da sociedade e com os recursos do meio-ambiente vistos no tempo e no espaço nas pesquisas e inquéritos à volta de bens culturais.

Disso é que se vale a exigência da Carta de Veneza, quando ordena que as intervenções e acréscimos em monumentos históricos devam ser executados na tecnologia contemporânea de modo que fique patente a diferença entre o antigo e o novo; entre o original conservado e o aderente complementar; entre as substâncias ou materiais empregados no sistema estrutural primeiro e aqueles das complementações e próteses.

Os citados templos japoneses, refeitos a cada 200 ou 300 anos, nesses procedimentos reparadores continuam, a milhares de anos, apresentando a mesma substância, a madeira e o mesmo programa original e, então, sempre ostentam autenticidade indiscutível. Enquanto isso, por exemplo, nossa igreja jesuítica do Páteo do Colégio, em São Paulo, com o seu programa inicial recuperado, com o seu partido arquitetônico arremedado graças a fotos antigas e refeito de tijolos e de concreto armado no lugar da taipa de pilão não passa de deplorável macaqueação. Substâncias trocadas satisfazendo a saudosismos e romantismos piegas.

Se o único motivo daquela reconstrução espúria fosse a perpetuação de lembrança no local da prática religiosa e catequética dos jesuítas, bastaria uma igreja e museu modernos. Mentira arquitetônica que rejubilou egos variados, coisas da política provinciana.

Todos esses procedimentos atrás arrolados e as próprias recomendações da Carta de Veneza são aplicáveis aos monumentos selecionados segundo critérios vários, como já vimos inclusive critérios políticos de interesses ligados a cada região ou nação e respectivas classes dominantes, as quais nem sempre confessam suas verdadeiras intenções práticas, principalmente nos momentos de definições de verbas a serem alocadas tendo em vista a preservação de monumentos, de modo especial conjuntos urbanos.

O que é patrimônio histórico 93

Essa política interesseira só é possível em decorrência de dois fatos realmente importantes e que, amiúde, comparecem na programação da preservação de elementos do Patrimônio Cultural em nível regional, especialmente aqueles ligados ao setor pertinente à arquitetura e aos bens urbanos significativos de grande valor social.

O primeiro fato é a falta de esclarecimento popular sobre a importância da preservação de nosso Patrimônio, para não dizermos deseducação coletiva. Esse é um dado brasileiro e daí a formulação de mais uma regra: a preservação aqui entre nós depende fundamentalmente da elucidação popular, um caminho já percorrido por outros países, como o México, que dedica atenção toda especial a essa questão de educação de massa no que diz respeito à memória.

A segunda ocorrência é de ordem jurídica, ligada às questões do direito de propriedade que, entre nós, ainda estão muito presas a tradições que remontam à Revolução Francesa, onde o direito do indivíduo, às vezes, afronta o direito do povo. Aí, o instituto do tombamento esbarra com o direito de propriedade e com o esquecimento do valor social do bem cultural protegido.

O tombamento é um atributo que se dá ao bem cultural escolhido e separado dos demais para que, nele, fique assegurada a garantia da perpetuação da memória.

Tombar é igual a guardar, preservar. O bem tombado não pode ser destruído e qualquer intervenção por que necessite passar deve ser analisada e autorizada. O tombamento oficial não pressupõe desapropriação. O bem tombado continua na posse e usufruto total por parte de seu proprietário, o responsável pela sua integridade. O bem tombado pode ser alienado.

Quando tudo isso incide sobre um imóvel em zona valorizada da cidade, a coisa se complica muito porque o seu proprietário se sente prejudicado com a distinção muito honrosa para os outros mas altamente danosa para si, já que seu patrimônio material viu-se repentinamente alcançado devido à inevitável desvalorização. Todo imóvel com restrições drásticas nada vale. Nada vale porque o mercado não está conscientizado das vantagens que podem resultar daquela atribuição, como tem ocorrido em Parati, por exemplo. É que o fluxo turístico ainda não é sempre composto de pessoas elucidadas nessas questões mercadológicas nem sabem ver a longo prazo.

Enfim, o governo precisa criar condições compatíveis com a situação cotidiana em face do instituto de tombamento imaginando vantagens ou ressarcimentos aos proprietários de imóveis tombados, já que aquela figura protetora está totalmente alheia à realidade jurídica que cerca o imóvel. Daí, a "inoportunidade política" de muitos tombamentos que fatalmente desgostarão grupos influentes ligados à especulação imobiliária.

Depois do surgimento da Carta de Veneza, cada país partícipe daquela reunião de arquitetos patrocinada pela Unesco tratou de providenciar as suas linhas de conduta ou as normas locais aplicáveis dentro de suas peculiaridades e sempre desejando "regulamentar" as normas venezianas. Foram, também, realizadas reuniões latino-americanas destinadas a organizar regras apropriadas às condições dos povos do terceiro mundo.

Assim é que, em dezembro de 1967, patrocinada pela OEA (Organização dos Estados Americanos), e em decorrência de determinações oriundas de uma Reunião de Chefes de Estado havida em Punta del Este, deu-se a reunião, em Quito, de autoridades e técnicos ligados à preservação de monumentos para tratar de problemas próprios do mundo latino-americano, tendo como texto orientador a Carta de Veneza. Representou o Brasil nesse encontro o arquiteto Renato Soeiro, chefe do então Iphan, do Ministério da Educação e Cultura, um dos signatários das "Normas de Quito", o texto final aprovado pelos presentes.

Ali houve muita preocupação com as relações entre o turismo e o conjunto de monumentos do Patrimônio Cultural. Antes de tudo, uma das considerações gerais afirmava: "Todo monumento nacional está implicitamente destinado a cumprir uma função social. Corresponde ao Estado fazer que a mesma prevaleça e determinar, nos vários casos, na medida em que a dita função social é compatível com a propriedade privada e o interesse dos particulares".

A partir dessa consideração justa, estudam os participantes a situação do patrimônio monumental em face do momento americano, onde a crônica falta de meios se mescla à desorganização comprometendo conjuntos significativos dada uma má "administração do progresso urbano". Principalmente nos países em desenvolvimento, "não é exagerado afirmar que o potencial de riqueza destruída com estes irresponsáveis atos de vandalismo urbanístico, em numerosas cidades do Continente, excede em muito aos benefícios à economia nacional derivados das instalações e melhorias de infraestrutura com que pretendem justificar-se".

As soluções desses problemas exigem graves reflexões e, entre elas, vê-se que "a continuidade do horizonte histórico e cultural da América, gravemente comprometido pela entronização de um processo anárquico de modernização, exige a adoção de medidas de defesa, recuperação e revalorização do patrimônio monumental da região e a formulação de planos nacionais e multinacionais a curto e largo prazo".

Levando em conta que o Patrimônio Histórico e Artístico, quer dizer, arquitetônico, constitui um "capital" a ser mantido para render vantagens, principalmente por meio do turismo, os participantes diziam que partiram da suposição de que os monumentos de interesse arqueológico, histórico e artístico constituem, também, recursos econômicos semelhantes às riquezas materiais do país. Consequentemente, as medidas dirigidas à sua preservação e adequada utilização não só guardam relação com os planos de desenvolvimento como também formam, ou devem formar, "parte integrante dos mesmos".

Daí, o maior interesse dos projetos de *puesta en valor* (*enhancement*, na versão inglesa do documento). Seriam projetos de "valorização", significando intervenções em monumentos ou conjuntos arquitetônicos dirigidas a "habilitá-los de condições objetivas e ambientais que, sem desvirtuar a sua natureza, ressaltem suas características e permitam seu ótimo aproveitamento".

Essa "ação valorativa"[4] de conjuntos de monumentos, baseando-se, é claro, no uso adequado dos bens culturais devido à atuação "eminentemente técnica" de todos ali envolvidos, visa, também, a uma "benéfica ação reflexa" na área envoltória, já que as vantagens advindas

---

[4] Expressão usada *in Proposta de valorização de três monumentos baianos*, p. s/n, Salvador, Bahia, 1974, publicado pela Coordenação de Fomento ao Turismo.

das intervenções programadas, principalmente aquelas de ordem turística instigando comércio paralelo, repercutem nas construções circunvizinhas.

A nosso ver, há muito otimismo nesta ponderação e noutras passagens das Normas de Quito, porque permanentemente estamos vendo o turismo justificando verdadeiras poluições visuais em torno de monumentos devido ao comércio inevitável que abastece os visitantes. Sinceramente, não acreditamos que "os valores propriamente culturais não se desnaturalizam e nem se comprometem ao vincularem-se aos interesses turísticos"...

Se até mesmo um acúmulo de visitantes, num museu improvisado qualquer, que se acotovelam apertados e embasbacados, um ambiente que fora destinado evidentemente a outras práticas alheias à visitação coletiva, já constitui um comprometimento e até mesmo uma violência. Enfim, tais normas gastam algumas páginas todas dedicadas às relações entre o turismo e o Patrimônio Cultural, sempre almejando em nossa América o mesmo êxito financeiro que a velha Europa usufrui com aquela indústria.

Dentro do mesmo otimismo, as Normas de Quito também esperam do povo uma efetiva ajuda à defesa do Patrimônio, com a previsão de "agrupamentos cívicos" cuja "voz de alarme e ação vigilante" estarão defendendo o "interesse social" embora "encontrem uma ampla zona de resistência dentro da órbita dos interesses privados". Para tanto, os planos de recuperação e valorização devem ser acompanhados de programas anexos de educação cívica.

Finalmente, o documento apresenta recomendações várias, em nível nacional e em nível interamericano, onde ratifica as ordenações da Carta de Veneza. Depois, indica um rol de medidas legais estabelecendo zonas envoltórias, sugerindo, inclusive, uma atualização da legislação vigente e incentivos fiscais.

A seguir, vêm as medidas técnicas que naturalmente implicitam os procedimentos recomendados pela reunião de Veneza, mas sempre tendo em vista *la puesta en valor* de monumentos isolados ou de conjuntos ambientais, onde deve ficar enfatizada a interdisciplinaridade nas intervenções e nunca esquecidas as estimativas dos benefícios econômicos que se espera venham a surgir necessariamente.

A partir do início da década de setenta proliferaram os "encontros" destinados a dar continuidade aos documentos atrás analisados, como o de Nairobi de 1976 e o de Machu Picchu em dezembro de 1977. Em nível nacional, o principal deles foi o ocorrido na capital do país, em abril de 1970, donde emanou o célebre "Compromisso de Brasília" assinado pelo ministro da Educação e

Cultura da época, por governadores de seis estados e representantes dos demais e, também, por outras autoridades representativas de entidades culturais variadas.

Dentre suas conclusões, o Compromisso de Brasília verificou que:

1. Era "inadiável a necessidade de ação supletiva dos Estados e dos Municípios à atuação federal no que se refere à proteção dos bens culturais de valor *nacional*". Esta frase pela primeira vez tornava pública a distinção entre bens culturais quanto ao seu nível de interesse, pois subentendia entrelinhas dois grupos classificatórios: os bens de interesse eminentemente nacional, cuja proteção seria atribuição do órgão federal DPHAN, e os de interesse regional a cargo dos estados e municípios.

Certamente estes últimos também poderiam ser subdivididos em bens regionais propriamente ditos, ligados à vida cultural de uma região, ou estado, e em bens de interesse eminentemente local, ligados a uma cidade, a um município. Explicando e exemplificando aos neófitos, a quem se destinam estas linhas: bem cultural de interesse nacional é aquele ligado ao quadro de elementos determinadores da identidade pátria, imprescindíveis à exata compreensão da nossa formação.

A casa de um bandeirante no Planalto de Piratininga, a sede de uma fazenda pioneira de café, uma fortaleza obra dos holandeses, outro fortim executado pela política defensiva de Portugal, um teatro rico e representativo de uma cidade em reformulação no século XIX na qualidade de capital de vasta região produtora de riquezas, como Recife, o cenário de tantos eventos significativos da história brasileira, são, por exemplo, bens culturais de interesse nacional.

A "Calçada de Lorena", que venceu a Serra do Mar, em São Paulo, nos fins do século XVIII, obra de um engenheiro militar trazido de Lisboa e que facilitou o escoamento da produção de açúcar paulista, é um bem cultural de interesse regional, assim como certos conventos irradiadores de instrução numa área, certas escolas superiores, certos seminários etc. Os bens culturais de interesse local, como a expressão afirma, são ligados à vida de uma pequena sociedade com limites territoriais definidos, como a casa do fundador de uma cidade, a pequena estação de estrada de ferro abandonada; o túmulo de um benfeitor qualquer etc.;

2. Era importante a criação, portanto, de órgãos estaduais e municipais destinados a suplementar a ação nacional do então DPHAN;

3. "Para remediar a carência de mão de obra especializada, nos níveis superior, médio e artesanal, é indispensável criar cursos visando à formação de arquitetos

restauradores, conservadores de pintura, escultura e documentos, arquivologistas e museólogos de diferentes especialidades, orientados pela Diretoria do Patrimônio Histórico e Artístico Nacional os cursos de nível superior."

Dessa constatação, a partir de convênios apropriados, houve o primeiro curso de especialização, realizado na Faculdade de Arquitetura e Urbanismo da Universidade de São Paulo, em 1974, com a participação de arquitetos alunos oriundos de praticamente todos os estados brasileiros, ocasião em que veio ao Brasil o principal de seus professores, o especialista da Unesco, Hugues de Varine-Bohan. Depois, instalaram-se outros cursos que, aos poucos, foram interessando à problemática jovens arquitetos recém-formados;

4. "Sendo o culto do passado elemento básico da formação da consciência nacional, deverão ser incluídos nos currículos escolares de nível primário, médio e superior, matérias que versem o conhecimento do acervo histórico e artístico das jazidas arqueológicas e pré-históricas, das riquezas naturais e de cultura popular (...)";

5. É recomendável a defesa dos acervos arquivísticos, bibliográficos, paisagísticos e arqueológicos, inclusive com a formação de museus, "tendo em vista a educação cívica e o respeito da tradição";

6. É desejável a participação de intelectuais escrevendo monografias elucidativas "acerca dos aspectos socioeconômicos regionais e valores compreendidos no respectivo patrimônio histórico e artístico", não estando descartado o emprego de todos os "meios de comunicação de massas";

7. É necessário o perfeito entrosamento com os elementos do clero e autoridades militares visando à salvaguarda de construções religiosas em geral e de obras de defesa e "instalações e equipamentos castrenses, para a sua conveniente preservação";

8. É recomendável a "utilização preferencial para 'Casas de Cultura' ou repartições de atividades culturais, dos imóveis de valor histórico e artístico cuja proteção incumbe ao Poder Público";

9. É recomendável aos "poderes públicos estaduais e municipais colaboração com a Diretoria do Patrimônio Histórico e Artístico Nacional, no sentido de efetivar-se o controle do comércio de obras de arte antiga".

A esse Compromisso de Brasília, seguiu-se o Compromisso de Salvador resultante do encontro havido em continuidade ao primeiro, na Bahia, em outubro de 1971. Ali, as recomendações se dirigem especialmente aos aspectos legais e financeiros vinculados à preservação de bens culturais, especialmente a este último, dando uma série de sugestões de hipóteses ligadas ao "como" obter verbas e financiamentos de obras. A seguir, trata da participação de estudantes em levantamentos de bens culturais e do aprimoramento de cursos voltados ao assunto em pauta.

* * *

Esses documentos nacionais não se referem explicitamente à questão do Patrimônio Ambiental Urbano como hoje ele é entendido, fazendo somente referências vagas a "conjuntos de monumentos" ou a "cidades históricas" como um todo a ser preservado, sem maiores explicações. Foi por volta de 1975 que vimos pela primeira vez um documento da antiga CNPU, da Secretaria do Planejamento da Presidência da República, que tratava do assunto sem atentar necessariamente ao aspecto histórico, como deve ser.

Na verdade, não temos ainda uma legislação pertinente que se refira, com a praticidade desejável, à questão da preservação de conjuntos de bens culturais caracterizados de urbanizações a conservar. Temos somente algumas leis municipais, como a paulistana, que deseja preservar construções sem tombá-las e sem desapropriá-las, tropeçando assim nos direitos de propriedade e de construir. Com isso, o "como" guardar conjuntos urbanos

O que é patrimônio histórico

significativos fica entre nós bastante prejudicado, se já não bastassem os entraves de ordem socioeconômica.

No Brasil, a experiência estrangeira nesse setor da preservação tem relativa importância, porque as condições legais e de instrução, elucidação e poder aquisitivo do povo são bem diferentes, e deve ser acrescido a tudo isso uma enorme diversificação de nossas condições locais que realmente impossibilitam leis genéricas indistintamente dirigidas a todas as regiões de um país, como foi possível na França, com a chamada "Lei Malraux" de 4 de agosto de 1962, lei surgida após as experiências de reconstrução de núcleos urbanos históricos prejudicados pelos bombardeios ocorridos na II Grande Guerra.

Além disso, essa lei surgia num encadeamento de leis sucessivas ligadas ao Patrimônio Artístico e Histórico desde o século XIX, não sendo, portanto, um repositório de exigências imposto de chofre. Depois, lá, a compreensão coletiva sobre o problema é outra, o poder aquisitivo popular é maior e as dotações orçamentárias das repartições que cuidam da cultura têm uma dimensão que nunca passou pela cabeça de qualquer dirigente brasileiro.

Quase o mesmo se pode dizer da experiência italiana, hoje tão citada, especialmente os trabalhos do arquiteto Cervelatti, em Bolonha. Deles, temos a aprender, somente, alguns aspectos conceituais de abordagem do tema e alguns dados ligados aos projetos de intervenção. É claro que toda a problemática socioeconômica, como ela foi resolvida, em Bolonha, cidade ininterruptamente administrada pelo Partido Comunista Italiano desde o armistício de 1945, não pode servir de modelo a qualquer que seja a cidade brasileira.

Dentro de todas as limitações, haveremos de descobrir o nosso caminho.

A nosso ver, o "como" preservar o Patrimônio Ambiental Urbano depende de providências em dois campos. O primeiro deles é ligado ao planejamento, ao projeto de recuperação, ou revitalização de núcleos de interesse documental ou artístico, somente possível após exaustivos levantamentos de natureza variada. O segundo campo é aquele decorrente da implantação do projeto e tem fundamentalmente um interesse social já que, ao se intervir num imóvel, se está intervindo na vida de seu ocupante.

Do planejamento de recuperação de um centro histórico naturalmente decorre um "Plano Diretor" que, além de tratar dos problemas comunitários, como aqueles da infraestrutura, por exemplo, também cuida das normas de intervenções e uso das construções situadas dentro do perímetro histórico, como também das novas edificações nos terrenos porventura disponíveis. Deve ser posto em prática a longo prazo e deverão estar os seus executores permanentemente alertas à vista das usuais exorbitâncias dos interessados em conseguir sempre mais do que a lei tolera. É-nos, por exemplo, constrangedor ver como, aos poucos, Parati está sendo destruída em benefício de alguns e em detrimento do Brasil, a quem pertence como documento ímpar de nosso Patrimônio Cultural.

Naquela cidade litorânea, hoje, só se preservam as visuais dos pedestres que ali transitam comovidos com o cenário colonial que percebem das ruas. Mas a cidade histórica, com as suas características espaciais originais do século XVIII, já não mais existe. A água do mar da maré alta já não mais inunda as ruas beira-mar, fato que, sem dúvida, constituía um dado cultural. As relações entre as construções e as áreas livres verdes também já não são as mesmas. Aparentemente, os logradouros públicos são ainda aqueles de dantes, salvo algumas tentativas de aformoseamento que recorrem a ajardinamentos dos alinhamentos, sobre as calçadas, como o emprego de plantas floridas.

As relações destruídas deram-se na ocupação indiscriminada dos quintais e dos terrenos baldios cercados de altos muros que tudo escondem. A taxa de ocupação da cidade está praticamente dobrada. O mesmo está ocorrendo com Santana do Parnaíba, em São Paulo, que por sinal ainda não tem o seu núcleo histórico tombado.[5]

Essa cidade ainda não sofreu um levantamento identificador de suas construções históricas executado com critérios científicos de pesquisa histórica e documental, mas está sujeita à "proteção" de "amantes" do passado provenientes da metrópole paulistana sua vizinha que, aos poucos, estão "valorizando" segundo seus critérios românticos as humildes casas de taipa dos tempos caipiras da colônia. Estão, até mesmo, cosmetizando a cidade indefesa ao transformar em "coloniais", mediante reformas de fachadas, casas neoclássicas de tijolos feitas ao tempo da construção da represa da usina hidrelétrica no começo do século.

Na hora de implantação de Planos Diretores aqui no Brasil, não é possível o estabelecimento de procedimentos padronizados, porque as condições socioeconômicas nunca se repetem igualmente dentro da indigência de recursos de sempre. Em primeiro lugar, a recuperação ou a conservação desses centros históricos custam muito dinheiro, não só aquele destinado às intervenções em prédio por prédio mas também o que deve ser atribuído aos demais serviços, que vão desde os inquéritos preliminares,

---

[5]A cidade de Santana do Parnaíba foi, finalmente, tombada pelo Condephaat em 1982, pela Resolução de n° 49 de 13 de maio daquele ano.

em que tanto devem ser ouvidos os moradores dos imóveis selecionados como a população envoltória que de um modo ou de outro também é partícipe do evento, até a implantação das instalações básicas das redes de águas pluviais, água potável, esgotos, telefone, eletricidade e de iluminação pública, além do calçamento, tudo isso de acordo com as conveniências do projeto.

Os gastos serão realmente grandes se ainda atentarmos às já mencionadas despesas com os imóveis componentes dos conjuntos a preservar. Na Europa, principalmente na França, cabem aos proprietários as despesas de revalorização das construções até o último limite de suas potencialidades financeiras, arcando o governo com a diferença, e nesses trâmites são levadas em conta as valorizações imobiliárias, tanto ligadas às vendas e compras como as relacionadas aos novos aluguéis. Tudo é quantificado e mensurado e o poder público tem plenos poderes para exigir anuências a procedimentos vários, inclusive a desocupação dos imóveis. Na França, um imóvel "insalubre" pode ser esvaziado sem mais delongas e é a atribuição de insalubridade que se dá à maioria das construções por recuperar.

Aqui, o grande problema é o baixo poder aquisitivo dos ocupantes de monumentos aliado à sua costumeira indiferença às questões de preservação cultural, pois, em princípio, quase todas as nossas ditas cidades históricas são bastante pobres e destituídas de melhoramentos básicos e de população humilde e obviamente mal instruída.

Temos alguns casos especiais, para exemplificação, como os de Ouro Preto, de Salvador ou da citada Parati, cujas construções históricas sofreram intervenções norteadas segundo condições próprias em que o controle do poder público é acionado de modos diferentes em face da natureza da população envolvida.

Ouro Preto, no fim do século XIX, com a inauguração de Belo Horizonte, esvaziou-se de sua população diretamente ligada às atividades legislativas e administrativas próprias de uma capital de estado e, também, deixou de receber, portanto, toda a população flutuante normal àquela condição de sede de governo. Ficou, por isso, mais pobre e vivendo quase que em torno de sua escola de engenharia.

O seu tombamento veio encontrar esse quadro e o SPHAN teve que lidar com uma população local muito bem definida que, de um jeito ou de outro, foi mantendo o zelo desejável, sem grandes problemas sociais relativos a deslocamentos de pessoas e liberação de imóveis. Todos os percalços surgidos da incompreensão de muitos, da falta de verbas, do turismo predador, do trânsito pesado e do escorregamento das encostas foram e estão sendo superados pontualmente sem problemas maiores de prazos.

O que é patrimônio histórico

As despesas do governo com as construções particulares, proporcionalmente, são bastante pequenas.

Em Salvador, o problema já foi diferente. Lá, a antiga área histórica chamada de Pelourinho havia sido zona residencial da alta burguesia colonial e mesmo do Império. A partir da República, aos poucos, os novos bairros foram levando a classe média para outras e modernas construções, favorecendo a transformação dos velhos e enormes sobrados em cortiços os mais degradados, onde imperava, inclusive, a prostituição. Em todo caso, essa foi uma modalidade de uso que, bem ou mal, ajudou à conservação do conjunto histórico.

A intervenção preservadora, chegou um momento, teve que ser feita lidando concomitantemente com grupos de construções, como se fosse uma obra só. Não foi fácil a tentativa de deslocamento dos moradores, todos carentes das mais diversificadas atenções ligadas à assistência social. Poderia e deveria essa população retornar às suas primitivas habitações, antigamente improvisadas e hoje planejadas e bastante valorizadas?

Dentro do bom senso e da justiça, a resposta deveria ser positiva, principalmente à vista do fato de ter sido público o dinheiro ali gasto. Deflagrou o governo federal, por meio de sua Secretaria do Planejamento, um plano de amparo às ditas cidades históricas do nordeste e por meio dele, em Salvador, financiou despesas de recuperação do Pelourinho.

Diferentemente de Ouro Preto, cuja população não necessitou de deslocamentos, Salvador vem constituir o exemplo da responsabilidade direta do governo em financiar obras em que o problema maior não é técnico mas social, devido à questão do alijamento de pessoas radicadas numa área ligada às suas oportunidades de trabalho — principalmente. Pelo o que sabemos, até hoje esse assunto não está resolvido satisfatoriamente, apesar dos vários estudos e teorias escritas a respeito.

Já em Parati não foram repetidos os fatos atrás citados, nem mesmo aqueles ligados ao turismo, porque o mar e suas praias dirigem diferentemente os visitantes. Em Ouro Preto há um pretenso turismo cultural que dá uma rotatividade maior de hóspedes aos hotéis, o comércio e a indústria do "souvenir" impõem um caráter peculiar às lojas e ruas, o que não acontece propriamente em Parati.

Naquela cidade do litoral sul fluminense, o que logo se pode constatar, quanto à questão social ligada à preservação de centros históricos, é a paulatina substituição do morador primitivo pelo adventício endinheirado oriundo do Rio ou de São Paulo, cujo lazer há de se revestir de toques refinados, inclusive na sua casa de férias, casa "colonial" e "restaurada", o que, no fundo, é um símbolo de status. Aliás, como já vimos, ali o problema social maior é esse: a lenta e progressiva substituição da população autóctone, que vai se desfazendo de seus confortos e paisagens, pela gente de fora com grande poder aquisitivo. E tudo isso é conseguido mansamente, sem que ninguém reclame na cidade porque, aparentemente, a conveniência é de todos.

Assim, o SPHAN não necessitou despender numerário de espécie alguma no velho núcleo tombado, ficando só por conta dos particulares as recuperações dos imóveis antigos em mau estado. Pena é que esses trabalhos de valorização tenham exorbitado tanto na taxa de uso do solo, fazendo desaparecer significativa área verde antes ocupada por verdejantes pomares de árvores centenárias.

Hoje, por exemplo, o primitivo e vasto quintal de uma "pousada" elegante qualquer está totalmente ocupado por uma "rua colonial" composta de vários apartamentos de cada lado para hóspedes, numa perfeita contrafação que só avilta a construção original, além de enganar os incautos e embevecer os "românticos" adeptos das "recriações" de ambientes de antigamente. Assim continuando, Parati logo será uma outra cidade colonial feita à imagem de um sonho coletivo burguês e não a original que se pretendeu guardar.

Se a classe média de São Luís do Maranhão e adjacências enriquecer tanto como as do sul, Alcântara que se cuide. Essa apreensão deve ser estendida a inúmeras cidadezinhas e povoações litorâneas, vítimas indefesas do lazer predatório. Realmente, há de se ter um controle efetivo nos sítios significativos, não só nos centros urbanos mas também na sua paisagem envoltória.

Há de se manter sempre intatas as relações entre cheios — e vazios, entre as áreas livres e as ocupadas, e as novas construções necessariamente serão feitas dentro de toda a modernidade, na forma em que os documentos internacionais recomendam.

Os governos, especialmente os estaduais, têm que aquilatar a enorme responsabilidade que lhes pesa nos ombros, representada por importantíssimos centros históricos hoje à beira da descaracterização total graças, antes de tudo, à inoperância de meia dúzia de decisões ou providências mais demagógicas ou políticas do que efetivamente práticas e sinceramente imaginadas com base em honesta avaliação do que realmente valem aqueles bens de interesse social.

Nunca o valor social de um bem cultural é devidamente quantificado, e quase sempre ele é posto de lado, quando deverá estar presente num dos pratos da balança onde se observam as conveniências de certas intervenções,

O que é patrimônio histórico

e quando prevalecem sempre outras vantagens, aquelas dos orçamentos baixos.

Não nos esquecemos, por exemplo, da polêmica surgida em torno da demolição ou não do antigo Instituto Caetano de Campos, na Praça da República, em São Paulo. Inúmeras reuniões de técnicos se realizaram para discutir o problema e não sairá de nossa memória um tenso encontro entre membros do Condephaat e a diretoria do Metrô, cuja estação de transbordo de passageiros naquele local estava a exigir a demolição da escola histórica e partícipe fundamental de segmento importante de nosso Patrimônio Ambiental Urbano.

Ali, os técnicos em transporte de massa provaram a necessidade da destruição do monumento levando em conta não só os elevadíssimos e proibitivos custos da estação afastada do edifício, como também o quase que impossível remanejamento de cabos telefônicos ali situados — motivo, aliás, de serem relembradas as razões ligadas à segurança nacional, o argumento intimidador.

Em nenhum momento sequer se tentou contrapor àqueles orçamentos o valor social do monumento. Providencial entrevista de um engenheiro inglês a favor da conservação da escola, sem prejuízos da parte técnica, é que veio ajudar bastante a luta de poucos abnegados que, em ação popular, lutaram judicialmente pela conservação de nossa primeira Escola Normal que, afinal, acabou sendo salva, com a estação lhe envolvendo as fundações.[6]

* * *

---

[6] Vale a pena determo-nos mais tempo neste assunto da preservação do Instituto Caetano de Campos, pois ele mostra bem toda a sorte de entraves que surgem pela frente quando se deseja conservar um imóvel que esteja atrapalhando os planos oficiais, sempre comodistas e baseados em concorrências públicas nas quais, na maioria das vezes, o barato sai caro. O esforço coletivo ali empenhado, reunindo a associação dos ex-alunos daquela escola, vários deputados e intelectuais, tomara seja o primeiro de outros movimentos reivindicatórios. Assim, é de sumo interesse o acompanhamento das variadíssimas matérias jornalísticas que surgiram na imprensa paulista quase que diariamente, durante muitos meses. Quem se interessar pela memorável campanha popular em torno da defesa do edifício do Instituto Caetano de Campos poderá ler, entre inúmeros artigos e entrevistas, o seguinte: "O caso da Caetano de Campos" por Carlos A.C. Lemos, in *Folha de S. Paulo*, p. 3, de 12.10.1975; "Caetano de Campos deverá mesmo cair" in *O Estado de S. Paulo*, de 19.11.75; "Prefeito é contra a preservação do Caetano de Campos", entrevista à *Folha de S. Paulo* de 19.11.75, quando o Sr. Olavo Setúbal dizia: "Eu era favorável à preservação do Instituto Caetano de Campos até saber do custo, agora, sou contra". O engenheiro Plínio Assman, diretor do Metrô, faz depoimento sobre a necessidade de demolição do imóvel histórico no Condephaat em 3.12.75. Ver notícias sobre esse encontro no *Jornal da Tarde* de 4.12.75. No dia 12 de dezembro de 1975 o governador Paulo Egydio Martins manifestou-se contra o tombamento do Instituto devido aos preços altos que a estação em nova localização exigiria, ver *Folha de S. Paulo* dessa data. No dia seguinte, o prefeito dizia: "O caso do Caetano está encerrado" (*Folha de S. Paulo*). Assim estava a questão, quando conseguimos entrevistar pelo telefone, em Londres, o engenheiro John Whitefield, que viera semanas antes, sem alarde, a São Paulo, pago por importante firma empreiteira para estudar o problema, e no dia 25.2.1976, na *Folha de S. Paulo*, saiu a manchete: "Engenheiro vê Metrô na República e aconselha novo estudo para conservar a Praça". Nessa mesma edição, no editorial "O hábito do sigilo", o jornal comenta o silêncio feito sobre a vinda e a ida daquele técnico e, principalmente, sobre a possibilidade de conservação do imóvel histórico. Novos estudos foram feitos e, em maio, o mesmo prefeito já dizia: "Caetano de Campos: intocável", *Jornal da Tarde*, 28.5.76. No dia 4 de junho de 1976, o Secretário Max Feffer tombava o prédio histórico, encerrando a questão.

O que é patrimônio histórico 117

Nosso país é jovem e nos seus quatrocentos e tantos anos de vida conseguiu aqui e acolá seu acervo de bens absolutamente típicos de uma cultura nascida de três raças em paisagem paradisíaca e, no entanto, hoje tem proporcionalmente muito pouco a mostrar como lembrança representativa de sua memória por dois motivos: pelo fato de o SPHAN ter nascido pobre e muito tarde, na década dos anos trinta, e devido ao total e notório descaso popular por tudo o que represente o passado morto, sendo o futuro sempre uma espécie de sonho dourado — inconscientemente buscam todos melhoria de vida destruindo lembranças de antigamente.

Em São Paulo, isso foi típico, a taipa de pilão varrida da cidade porque não havia saudades do tempo da vida caipira, e o paulista quatrocentão, pelas mãos de Ramos de Azevedo, com o dinheiro do café, propiciou à mão de obra imigrante a reconstrução da cidade em tijolos.

Depois, hoje, confundem Patrimônio Cultural com amontoado de velharias, não sabendo que agora também estão, enquanto vivem, a enriquecer, ou a empobrecer, nosso elenco de bens representativos. Acham que só o "bonito" ou o histórico é que devem ser preservados e esse "bonito" evidentemente depende de critérios subjetivos e quase tudo para quase todos é feio ou insignificante.

Daí, a posição quixotesca que assumiram Mário de Andrade e Paulo Duarte, que, pela primeira vez no Brasil, tiveram uma visão científica abrangente do que fosse Patrimônio Cultural. E não é só o povo o responsável pelo descaso, pois a classe dirigente sempre teve cuidados com os bens de seus clãs, mas permitindo adoidada a mistificação e a contrafação apoiada na linguagem antiga. Classe dirigente que também sabe, quando lhe interessa politicamente, não desagradar o eleitorado contrário a certos movimentos de preservação de bens ligados ao Patrimônio Ambiental Urbano. Quase nunca afronta a opinião pública, preferindo ficar em cima do muro aguardando os acontecimentos.

Políticos existem, mormente vereadores, que intercedem contra tombamentos programados, outros, por sua vez, solicitam tombamento de construções de propriedade de seus desafetos políticos para prejudicá-los, sem cogitar se a coisa é realmente merecedora, ou não, do atributo. Enfim, prejuízos, só aos inimigos e assim mesmo quando não haja risco de reclamos populares. Todo tombamento é entendido como um gravame altamente prejudicial. Daí, também, o fato da maioria das preservações legais incidirem sobre bens de uso público, edifícios administrativos, praças, jardins botânicos, reservas florestais etc., já que disso não resulta reclamação de ninguém e as repartições encarregadas de guardar o Patrimônio ganham a imagem de bastante operativas, principalmente em fins de governo.

Sem dúvida, tornamos a repetir, a base correta do "como preservar" está na elucidação popular, na educação sistemática que difunda entre toda a população, dirigentes e dirigidos, o interesse maior que há na salvaguarda de bens culturais. Acionar com todo o entusiasmo as recomendações do Compromisso de Brasília que praticamente ficaram no papel, principalmente naquilo que tange aos ensinamentos que devem participar dos currículos mínimos aos níveis primário e secundário.

As bases têm que ser esclarecidas sobre nossas autenticidades culturais e os pequenos aglomerados, as pequenas vilas e cidades devem, por meio de suas sociedades representativas, principalmente as "sociedades de amigos de bairros", lutar pelos seus bens culturais, antigos ou novos. Primeiro, defender com unhas e dentes os bens de interesse local. Justiça seja feita, em São Paulo, pelo menos, meia dúzia de prefeituras já estão tratando de proteger seu acervo cultural, mas não se sabe do êxito dessas empreitadas com as próximas alterações nos quadros dirigentes municipais. Note-se que a continuidade de pensamento é fundamental.

Esta publicação se destina ao público jovem em geral, que está acertando os seus "primeiros passos", e nele depositamos nossas esperanças de que, qualquer a direção em que andem, estejam sempre a olhar com amor e desinteresse material as coisas nossas que estão espalhadas por aí.

INDICAÇÕES PARA LEITURA

Na verdade, a bibliografia brasileira disponível sobre a problemática do Patrimônio Cultural e sua preservação é realmente escassa — o tema transparece aqui e ali principalmente em artigos de revistas e em apostilas de cursos de especialização. No entanto, podemos recomendar aos leitores interessados em se aprofundar no assunto alguns textos bastante interessantes, de especialistas diversos principalmente os artigos que constam de dois números especiais da revista *C.J. — Arquitetura*, publicada pela FC Editora, de nº 17, de 1977, que trata dos "40 anos do Patrimônio Histórico" e 19, de 1978, que versa sobre o "Patrimônio Cultural de São Paulo".

Também são do maior interesse livros que historiam e tratam dos processos da preservação do nosso Patrimônio e dentre eles recomendamos: *A lição de Rodrigo,* livro publicado em Recife, em 1969, pelos "Amigos da DPHAN", *Mário de Andrade por ele mesmo,* de Paulo Duarte, Editora Hucitec, São Paulo, 1977; *Cartas de trabalho,* de Mário de Andrade, correspondência com Rodrigo Mello Franco de Andrade (1936-1945), publicação da Secretaria do Patrimônio Histórico e Artístico Nacional, nº 33, Brasília, 1981.

Sobre a legislação vigente e toda aquela anterior, inclusive sobre os projetos de lei pioneiros, principalmente o de Mário de Andrade, ler *Proteção e revitalização do patrimônio cultural no Brasil: uma trajetória,* também publicado pela SPHAN, nº 31, Brasília, 1980.

A respeito das recomendações internacionais que regem o assunto, dos "compromissos" assumidos entre nós e dos resultados de congressos que trataram das questões em volta do Patrimônio Cultural, indicamos, pelo menos, quatro volumes editados pela Faculdade de Arquitetura e Urbanismo da Universidade de São Paulo em convênio com o então Instituto do Patrimônio Histórico e Artístico Nacional, que são: *Patrimônio Cultural,* Recomendações, acordos e convenções Unesco, UIA; *Patrimônio Cultural,* Legislação Federal, *1922-1945; Patrimônio*

Cultural, Legislação Estadual, Legislação Municipal; *Patrimônio Cultural,* Legislação Federal, 1945-1974.

Há também uma publicação muito interessante que é o *Documento* 1 de *Arquimemória* — 1º Encontro Nacional de Arquitetos sobre Preservação de Bens Culturais havido em São Paulo em julho de 1981. Tal publicação apresenta conclusões de congressos de arquitetos e também estampa, por exemplo, os "Compromissos" de Brasília, de 1970, e de Salvador, de 1971, a Carta de Veneza comentada neste livro, as Cartas de Machu Picchu, de Pelotas e de Nairobi. O Iphan publicou dois livros que completam bem as informações sobre cartas e resoluções de interesse ao leitor. Ver *Cartas patrimoniais e Coletânea de leis sobre Preservação do Patrimônio,* citadas na bibliografia recomendada, onde também está incluída a oportuna coletânea de textos de nossos especialistas, *Patrimônio: atualizando o debate.*

Sobre a problemática do tombamento e do direito de propriedade, ler *Direito urbanístico brasileiro,* por José Afonço da Silva, Editora Revista dos Tribunais, São Paulo, 1981.

A bibliografia estrangeira é bastante vasta e dentre livros que possam nos interessar recomendamos especialmente *La culture des autres,* Editions du Seuil, Paris, 1976, de autoria do técnico francês da Unesco Hugues de Varine, que também possui uma de suas aulas ministradas aqui em São Paulo publicada pela FAU-USP. Há, também, o interessante livro de professor italiano Ambrogio Annoni, *Scienza ed arte del restauro archittetonico — idee ed esempli,* Edicioni Artistiche Framar, Milano, 1946.

BIBLIOGRAFIA

ANDRADE, Antonio Luiz Dias de *et alii*. *Patrimônio: atualizando o debate*. 9ª S.R./IPHAN, São Paulo, 2006.

ANDRADE, Mário de. *Cartas de Trabalho*, correspondência com Rodrigo Mello Franco de Andrade (1936-1945). MEC-SPAHAN – Pró-Memória. Publicações da Secretaria do Patrimônio Histórico e Artístico Nacional, nº 33, Brasília, 1981.

ANNONI, Ambrogio. *Scienza ed Arte del Restauro Archittetonico – idee ed esempli*, Edicioni Artistiche Framar, Milano, 1946.

ARQUIMEMÓRIA, Documento 1 do 1º Encontro Nacional de Arquitetos sobre Preservação de Bens Culturais, São Paulo, 1981.

BARROSO, Gustavo. "A defesa do nosso passado". In: *Anais do museu histórico nacional*, vol. IV, 1943, Imprensa Nacional, Rio de Janeiro, 1947.

CERVELLATI, P.L. e SCANNAVINI, R. *Bolonia* – Política y metodologia de la restauración de centros históricos. Editora Gustavo Gili, Barcelona, 1976.

Coletânea de Leis sobre Preservação do Patrimônio. Iphan, Rio de Janeiro, 2006.

COMPROMISSO DE BRASÍLIA – Publicação do Departamento de História da USP em convênio com Instituto de Arquitetos do Brasil, Dept° de São Paulo e 4° Distrito da DPHAN (atual SPHAN), São Paulo, 1970.

CONDEPHAAT – O *sítio urbano original de São Paulo – O Pátio do Colégio*. Publicação n° 1. São Paulo, abril de 1977.

COORDENAÇÃO DE FOMENTO AO TURISMO. *Proposta de valorização de três monumentos baianos*, Salvador, Bahia, 1974.

CURY, Isabelle (org.). *Cartas Patrimoniais*. 3ª edição rev. ampl., Iphan/Deprom, Brasília, 2000.

DUARTE, Paulo. *Mário de Andrade por ele mesmo*, prefácio de Antonio Candido. 2ª edição corrigida e aumentada. Editora Hucitec, coedição com a Secretaria da Cultura, Ciência e Tecnologia do Estado de São Paulo, São Paulo, 1977.

FONSECA, Maria Cecília Londres. *O Patrimônio em processo: trajetória da política federal de preservação no Brasil*. 2ª edição rev. ampl., Editora UFRJ/MINC – Iphan, Rio de Janeiro, 2005.

LEMOS, A.C. – "Acusação Inútil". In *Folha de S. Paulo*, p. 3, São Paulo, 17/3/76.

_____. "Capelas Alpendradas de São Paulo". In: *Notas sobre a arquitetura tradicional, de São Paulo*, publicação da Fac. Arq. e Urb. da USP, Dept° de História, São Paulo, 1969.

LOBATO, José Bento de Monteiro. *Cidades mortas, contos e impressões.* Monteiro Lobato e Cia. Editores, São Paulo, 1923.

MEC – SPHAN – Pró-Memória – *Proteção e revitalização do patrimônio cultural no Brasil: uma trajetória.* Publicação da Secretaria do Patrimônio Histórico e Artístico Nacional, n° 31, Brasília, 1980.

MEC – SPAHAN – Pró-Memória – *Restauração e revitalização de núcleos históricos* – Análise para a experiência francesa. Seminário 1. Publicação da Secretaria do Patrimônio Histórico e Artístico Nacional, n° 30, Brasília, 1980.

PAN AMERICAN UNION – *Las normas de Quito* – Preservación de monumentos. Patrimônio Cultural n° 2. Organization of American States, Washington, 1968.

VARINE-BOHAN, Hugues. *Patrimônio cultural* – A experiência internacional. Notas de aula, de 12/8/1974. Edição em convênio: Universidade de São Paulo, Faculdade de Arquitetura e Urbanismo e Instituto do Patrimônio Histórico e Artístico Nacional, São Paulo, 1975.

SOBRE O AUTOR

Carlos A.C. Lemos nasceu em São Paulo, em 1925. Formou-se em arquitetura em 1950 pela Faculdade de Arquitetura do Mackenzie e, em 1955, passou a lecionar na Faculdade de Arquitetura e Urbanismo da Universidade de São Paulo (FAU-USP), onde se especializou em arquitetura do Brasil e na problemática de preservação do Patrimônio Cultural.

Tem vários livros publicados e colabora permanentemente na *Folha de S. Paulo*.